rowohlt
BERLIN

Caroline Peters

Ein anderes Leben

Roman

Rowohlt · Berlin

Originalausgabe
Veröffentlicht im Rowohlt · Berlin Verlag, November 2024

Satz aus der DTL Documenta bei Dörlemann Satz, Lemförde
Druck und Bindung CPI books GmbH, Leck
ISBN 978-3-7371-0165-3

FSC
www.fsc.org
MIX
Papier | Fördert
gute Waldnutzung
FSC® C083411

Ein anderes Leben

Eins

Heute ist die Beerdigung meines Vaters, und für mich ist es die Auferstehung meiner Mutter. Ich kann es nicht anders sagen. So viele Jahre vor ihm ist sie gestorben. So viele Jahre hatten sie sich da nicht mehr gekannt. Und jetzt soll eines mit dem anderen zusammenhängen? Bow ist tot, das ist traurig genug. Er starb allein in seinem Haus am Zikadenweg, umringt von Büchern, Schriften, Sammlungen. Zuletzt versorgt von sich selbst und manchmal von seiner etwas nervösen und unbehaglichen Tochter, mir.

Wir stehen verstreut und unordentlich am Grab, die gesamte Familie. Meine beiden Schwestern Laura und Lotta mit ihren Ehemännern und Kindern. Und ihren Vätern.

Meine Schwester Laura steht neben ihrem Vater Klaus.

Meine Schwester Lotta neben ihrem Vater Roberto.

Gemischt dahinter die Ehemänner mit den Kindern.

Ich stehe allein dazwischen.

Klaus, Papa, Roberto und Hanna haben gemeinsam in Heidelberg studiert, und Hanna hatte es sich zur Aufgabe gemacht, einen nach dem anderen zu heiraten und von jedem ein Kind zu bekommen. Mein Vater war als Letzter dran. Bei ihm haben wir alle gewohnt. Er hat sich ein Haus gebaut und eine Familie, nachdem er Architekt geworden war.

Heute wird er begraben. Ich habe mich oft gefragt, wie schlimm dieser Moment wohl werden wird. Genau genommen gar nicht so schlimm, stelle ich jetzt fest. Wir schaffen es alle, so traurig es auch ist. Keine von uns zerbricht im Stehen daran, wie ich es manchmal befürchtet habe, wenn ich mir dieses Ereignis ausgemalt habe, an Tagen, an denen sowieso alles schlecht erscheint und man sich selbst etwas noch Schlechteres skizziert, damit die Wirklichkeit nicht mehr schrecken kann.

Wir stehen da, und es ist kalt.

Es windet sehr stark, hier auf dem Friedhof in Hessen. Hier wollte er beerdigt werden, im Kreise seiner Herkunftsfamilie. Das waren nicht wirklich seine Worte. Bow hatte Familie gesagt, im Kreise seiner Familie. «Herkunft» habe ich dazugedichtet, um nicht ausgenommen zu sein von dem, was Bow seine Familie nannte. Der «Kreis seiner Familie» steht für meine Begriffe hier draußen am Rand der Grube, in die er gleich versenkt werden wird. War das nicht sein Gefühl am Ende seines Lebens?

Vor uns im Boden liegen Ramspecks. Alle, die seit 1860 gestorben sind, dem Jahr, in dem einer von Papas Vorvätern dieses Grab anlegte. Ramspeck, die Familie, die mein Vater verlassen hatte und mit der er jetzt die Ewigkeit teilt. Ohne uns, weil wir alle noch leben. Und ohne seine Frau. Ohne Hanna.

Hanna liegt Hunderte Kilometer entfernt in der Tiefe der Ostsee. In einer Flaschenpost, gefüllt mit ihrer Asche, versetzt mit etwas Blei, um die Flasche am Meeresgrund zu halten und nicht oben auf den Wellen schwimmen zu lassen.

Das sei doch der einzige Zweck einer Flaschenpost, dass sie auf den Wellen schwimmt, entdeckt und rausgefischt wird, sonst finde doch niemand die Nachricht, hatte Laura gesagt, als wir gemeinsam Hannas Letzten Willen lasen. «Aber Hanna hat sich Blei gewünscht, damit ihre Nachricht nur am Meeresboden wandert und für Oberflächenblicke unsichtbar bleibt», entgegnete ich. Lotta nickte mir zu, ein seltener Moment von Einigkeit.

Nicht sehr nachhaltig, meinten Lauras Kinder, und ich begann eine halbherzige Diskussion mit ihnen. Sie waren schon erwachsen, als Hanna starb. Laura war mit Anfang zwanzig das erste Mal Mutter geworden, so wie Hanna einst mit ihr. Ich war mit zwanzig ebenfalls schwanger gewesen, wollte aber kein Kind in diesem Alter. Diese zwanzigjährigen Mütter in der Familie, dachte ich damals, sieh dir an, was dabei herausgekommen ist, und war ohne große seelische Probleme und ohne männliche Begleitung zum Frauenarzt gegangen.

«Nachhaltig oder nicht. Shanghai oder Bangkok sind auch nicht nachhaltig und existieren trotzdem», sagte ich zu Lauras Kindern. Mein Argument, das gar keines war, überzeugte sie nicht. Der Wunsch unserer Mutter, ihrer Großmutter, am Meeresgrund versenkt zu werden, stand leer im Raum. Ich war der Meinung, ein letzter Wunsch ist ein Gesetz, das die Familie zu befolgen hat. Mit Blei vermischte Asche, so wollte sie verewigt werden. Die nächste Generation fand, Nachhaltigkeit stehe über dem Individuum. Meine Schwestern hielten den Wunsch für unpraktisch und kostspielig. Laura, sonst durchaus für große symbolische Gesten zu haben, meinte, dieses Mal habe Hanna übertrieben. Wer sie denn sei, fragte sie in die Runde, die Königin von Saba? Nein, sagte ich, auch nicht die Prinzessin auf der Erbse, aber vielleicht eine Frau, die sich in den letzten Jahren ihres Lebens wie eine Flaschenpost mit Blei empfunden hat und nun aus der Asche ihres Körpers, einer Flasche und einem Korken ein unsichtbares Denkmal schaffen wollte.

Stille. Ich hatte Laura widersprochen. Vor ihren Kindern.

Die jungen Beiboote meiner Schwester schauten, wie ihre Kapitänin reagierte. Laura machte ein undurchdringliches Gesicht. Sie konnte mir auf keinen Fall zustimmen, nicht vor den Kindern und aus Prinzip nicht. Ich war jünger, und das bedeutete in der Ramspeck'schen Familienlogik etwas Niederes. Sie konnte auch nicht einfach sagen «Auch ein Punkt» und damit wenigstens teilweise anerkennen, dass ich nicht völligen Unsinn von mir gab. Nicht vor ihrem Volk.

Ich habe Lauras Gesicht früher gut lesen können. Sie ist die Älteste von uns. Ich war noch klein, als sie auszog und ihr eigenes Leben begann. Es war wichtig in meiner Kindheit zu wissen, was sie dachte, auch wenn sie gerade nicht sprach. Sie schien etwas zu wissen über die Eltern, was mir und Lotta entgangen war, also versuchte ich, die Lücken zu schließen, indem ich sie beobachtete. Sie tut bis heute allwissend. Damals war sie es für mich auch. Doch seit ihre Kinder groß sind und nicht mehr blind den Eltern folgen, sondern mit eigenen Augen Gesichter lesen, hat sich Lauras Ausdruck verändert. Sie ist unleserlich geworden.

Die Beiboote schauten sie an und warteten auf eine Reaktion. Lauras Gesicht blieb unverändert, zumindest auf mich wirkte es so. Mimama habe übertrieben, niemand müsse so unnachhaltig mit seinem Tod umgehen, entschieden sie dann. Schon den Holzsarg zu verbrennen, sei wirklich schlecht für Luft und Umwelt, und dann noch die Reste mit Blei vermengen und in die See werfen? Wie schnell kann so eine Glasflasche zerbrechen, und schon wandelt das Blei über den Ostseeboden dahin und wird von Fischen gegessen, die dann von Menschen gegessen werden.

Niemand müsse sich in einem poetischen Denkmal am Meeresgrund verwirklichen, sagte Laura und starrte in die Luft.

Hatte sie einfach das Nein ihrer Kinder übernommen, oder hatten die Kinder ein entschlossenes Nein in ihrem Gesicht abgelesen, und nur ich hatte es nicht gesehen?

Wir ließen es so stehen. Die Jugendlichen in der Familie heute sind noch viel nachhaltiger, als Lauras Kinder es damals waren. Wenn wir heute, wie einst unsere Großmütter nach dem Krieg, an Weihnachten und Geburtstagen gemeinsam Geschenkpapier plätten und Schleifen bügeln, fühlen wir uns eigentlich alle ganz wohl. Also zählen diese Argumente häufig am stärksten. Damals, bei Hannas Tod, war das nicht so. Dafür gelang uns damals etwas, was uns heute nicht mehr gelingt – Lösungen finden. Wir waren sicher, es würde uns etwas einfallen für Hannas Überreste. Ist es uns dann auch, allerdings nicht gemeinsam.

Laura steht neben ihrem Vater Klaus. Klaus war seit der achten Klasse in Hanna verliebt gewesen. Eigentlich schon davor, aber in der achten Klasse hatte er seine Gefühle endlich verstanden. «Untertertia», sagte Hanna, wenn sie uns Töchtern davon erzählte. «In der Untertertia wusste er auf einmal, was ein Mädchen ist und was ein Junge.» Dabei lächelte sie und zwinkerte uns zu. Für Klaus war die Hochzeit mit Hanna ein logischer Schritt in seinem Leben gewesen, so logisch, wie beim Gehen einen Fuß vor den anderen zu setzen. Dass Hanna so früh sein Kind erwartete, war ein Versehen gewesen. Nicht das Kind, nur der Zeitpunkt. Er hätte sich keine andere Frau vorstellen können. Hanna hatte noch Erinnerungen an seinen Vater und er an ihren. Damit waren sie für immer Familie. In seiner zweiten Ehe war er später sehr glücklich, doch Laura blieb sein einziges Kind. Ehe war Ehe für ihn und Familie Familie.

Die Mütter von Hanna und Klaus, Oma Tita und Oma

Dörrge, waren Freundinnen gewesen, oder vielleicht sollte man besser sagen Co-Gattinnen. Die Männer waren gemeinsam aus Thüringen nach Berlin zur Wehrmacht gegangen, später mit ihren jungen Familien nach Schlesien gezogen und von dort gleich weiter nach Osten in den Krieg, aus dem sie nie wieder zurückkamen. Die Division, in der die jungen Ehemänner dienten, gestaltete den Einmarsch in Polen, wie ich als Erwachsene erfuhr. Der Plan war, immer tiefer in den Osten vorzudringen, und alle paar Jahre würden die beiden jungen Mütter mit ihrer stetig wachsenden Kinderschar nachziehen. Die ersten Siedler.

Die meisten Geschichten von Oma Tita fingen an mit «Als wir den Papi im Krieg verloren hatten …». Ich konnte mir als Kind nie vorstellen, wie das wohl passiert war. Hatte er es nicht geschafft, nach dem hastigen Aufbruch in Neiße mit russischem Kanonengrollen im Hintergrund hinterherzukommen? Dieser Papi war so lebendig in der Familienlegende, dass ich davon ausging, er war einfach nicht wiedergefunden worden und lebte inzwischen als sehr alter Mann irgendwo versteckt. Er ist der einzige Vater in der Familie, der Papi heißt, alle anderen werden mal Papa, mal Vater, mal Vati genannt. Papi gibt es nur einmal.

Oma Tita, Hannas Mutter, war der Liebling aller Kinder. Das wusste sie und teilte deswegen gern gegen die anderen Großmütter in unserer Familie aus. Vor allem gegen Oma Dörrge, ihre Freundin, genannt «das Dörrgemüse». Auch Klaus, der blasse, vaterlose Sohn, war «Dörrgemüse». Laura war sehr gekränkt, wenn Oma Tita das sagte.

Eines Nachts war Oma Tita von ihrem ersten Telefon geweckt worden. Eine Stimme von sehr weit weg sagte ihr, dass ihr Mann gefallen sei. Tita schüttelte daraufhin die zehnjährige

Hanna aus dem Bett und schickte sie drei Häuser weiter zu den Dörrges. Ihr Mann hatte ihr eingeschärft, sollte er in Russland fallen, könne sie sicher sein, der Krieg sei verloren, und dann müsse sie auf der Stelle aufbrechen und die vier Kinder in Richtung Westen bringen. Ein Zufluchtsort war schon zu Kriegsbeginn bestimmt worden, der Bauernhof einer entfernten Verwandten in Oberhessen. Hanna klingelte Oma Dörrgemüse aus dem Bett und sagte, ihre Mutter lasse ausrichten, sie müssten jetzt los. Oma Dörrge war schockiert und weckte sofort Klaus und seinen jüngeren Bruder, das Baby in ihrem Arm schlief durch. Klaus und Hanna liefen Hand in Hand zurück zu Oma Tita, die das Auto schon mit ihren eigenen Kindern vollgestopft hatte. Hanna blieb nur wenig Zeit, sich warm anzuziehen. Schnell verabschiedete sie sich von ihren Puppen und Teddys, die sie nicht mitnehmen durfte. Sie setzte sie ins Fenster, sie sollten ihr nachschauen können. Und sie legte ihnen ein Buch auf den Schoß, damit sie etwas zum Lesen hatten, bis Hanna wiederkommen würde. Mit den Puppen und Büchern blieb auch der Dackel zurück. Hanna blickte dem Hund durch das Rückfenster nach, bis er im Dunkeln verschwand. Dieses Tableau, diesen Blick nach hinten auf Dackel Puz neben den lesenden Puppen, habe ich geerbt.

Ich betrachte Lotta, wie sie neben ihrem Vater Roberto steht. Sie sieht ihm einfach nicht ähnlich (hat Hanna auch gesagt), dafür aber Robertos Mutter, wodurch die Sache eindeutig ist. Eindeutiger als bei uns anderen Töchtern, denn auch wir sehen unseren Vätern kein bisschen ähnlich. Lotta steht sizilianisch schön an Papa Bows Grube und badet im Augenblick. Schmerzvoller Abschied, eine ihrer liebsten Posen. Roberto betrachtet seine Tochter. Er sieht weich und mild aus. Auch im Alter ist er ein wirklich schöner Mann. Nach seiner Ehe mit Hanna hat Roberto eine große Familie gegründet. Lotta hat eine für mich unüberschaubare Zahl von Halbgeschwistern irgendwo zwischen Sizilien und Wien, wo Robertos zweite Frau herkommt. In Syrakus ist weiterhin der Hauptsitz des Verlags seiner Familie. Angeblich gibt es auch noch uneheliche Robertos und Robertinas, und Lotta googelt sich in schwachen Momenten in einen wahren Stalkingrausch, um mögliche Geschwister zu entdecken. «Bevor sie eines Tages am Grab neben mir stehen», sagt sie dazu. Neben MIR, nicht neben UNS. Roberto gehört ganz allein Lotta. Bow und Hanna gehören uns allen.

Hanna war zweimal geschieden, als sie Bow wiedersah, geschieden von seinen engsten Studienfreunden, Klaus und Roberto. Hanna und Bow begegneten sich damals zufällig in Berlin auf der Kantstraße. Sie hatten sich einige Jahre nicht gesehen. Hanna lebte mit Laura und Lotta in der Stadt und arbeitete für ein Übersetzungsbüro. Sie war promoviert, hatte Slawistik und Germanistik studiert und verschiedene slawische Sprachen gelernt, darunter Altkirchenslawisch. Das alles war zu viel für ein Übersetzungsbüro. Und dieses Zuviel war für Hanna spürbar und schmerzlich.

Bow war für eine internationale Architekturmesse angereist. Keine Stadt sei so groß wie Berlin, sagte Hanna immer, und so oft treffe man zufällig jemanden auf der Straße. Sie gingen zusammen in die Paris Bar. Hanna hatte von ihrem Nachbarn, einem Schauspieler, davon gehört. In dessen Erzählungen klang «Paris Bar» nach prallem Leben. Hier konnte man lesen und schreiben, streiten und trinken. Hier saßen nächtelang junge Menschen zusammen, die in den Ruinen von Berlin Kunst machen und vor allem Kunst *sein* wollten. So zumindest stellte Hanna es sich vor. Bow ließ sich nicht lange bitten. Mit Hanna wäre er überall hingegangen.

Ob er nicht zu seinem Kongress müsse, fragte Hanna, als die erste Flasche Wein plötzlich leer war. Worum es da gehe, wollte sie wissen.

«Nur eine Messe», sagte Bow, zu diesem Zeitpunkt noch nicht Papa Bow, sondern mit seinem bürgerlichen Namen ausgestattet, Peter Ramspeck. Papa und Bow musste er sich noch erarbeiten. Es gehe um Architektur und Aufbau. Ob sie nicht zu ihren Töchtern müsse.

«Klaus' Mutter passt auf die Mädchen auf», sagte Hanna. Sie komme jeden Monat für eine Woche. «Sie hängt sehr an Laura, inzwischen auch an Lotta.» Die sei ihr am Anfang zu dunkel gewesen, aber jetzt habe sie sich an sie gewöhnt.

Peter erkundigte sich nach Klaus, und Hanna erzählte ein bisschen von dessen zweiter Ehe, der netten Frau, die er gefunden hatte, und davon, wie die beiden sich ihr Leben eingerichtet hatten. Vielleicht wunderte sie sich, dass Peter so wenig über seinen alten Studienfreund wusste, fragte aber nicht danach.

Roberto habe er neulich in Syrakus besucht, sagte Peter. Das dortige Amphitheater sei großartig und Robertos Elternhaus traumhaft.

«Ich weiß», sagte Hanna, «ich habe dort geheiratet.»

«Stimmt», sagte Peter. «Ich erinnere mich.»

Kurz bevor er mit Hanna zusammen in die Paris Bar ging, hatte Peter in Köln in einem Architekturbüro angefangen. Er hatte die Jahre zuvor hart gearbeitet und pausenlos gespart. Und nun hatte er sich ein Grundstück gekauft, auf dem er bauen wollte. Es lag am Innenstadtrand, an einer Stelle, an der dreißig

Jahre zuvor ein jüdischer Kaufmann für sich und seine Frau ein Wohnhaus hatte bauen lassen. Sie betrieben ein Feinkostgeschäft im Stadtzentrum. Nachdem die zweite Tochter geboren war, mussten sie Haus und Geschäft hergeben, und sie flohen nach Palästina. Einige Jahre später wurde alles weggebombt, und so war Peter an das Grundstück gekommen.

Bow hatte als Student immer am wenigsten Geld gehabt, weil er schon damals für sein Haus sparte. Während Roberto das Geld der sizilianischen Mutter mit Hanna und Klaus aus dem Fenster warf, hielt sich Peter in den gemeinsamen Heidelberger Nächten still an einem einzigen Milchshake fest. Sein Vater hatte ihn enterbt. Peter hatte Arzt werden sollen wie alle anderen männlichen Ramspecks vor ihm. Aber er wollte weg. Weg aus Alsfeld, weg aus Jahrhunderten Familientradition – Arzt Ramspeck aus Alsfeld in Oberhessen. Seit Mitte des siebzehnten Jahrhunderts waren dort Ramspecks als Apotheker und Ärzte ansässig. Das Haus war seit zweihundert Jahren dasselbe: Ramspecks Haus am Markt, Fachwerk mit winzigen Fenstern und knarrenden Balken. Sehr hübsch, sehr idyllisch, und für Peter ein einziges Gefängnis.

Aus dem Wohnzimmerfenster des Ramspeck'schen Hauses blickte man auf das Fachwerkrathaus und auf den Pranger. An einer Mauerecke des Rathausplatzes war im Mittelalter ein Eisenring an der Wand befestigt worden, der Delinquenten um den Hals gelegt wurde. Wer dort stehen musste, konnte von den Alsfelder Bürgern angespuckt, beschimpft oder gepiesackt werden. Bei Familienbesuchen stellten wir uns alle nacheinander an die Mauer, legten uns gegenseitig den Eisenring um den Hals, schnitten Grimassen und fotografierten uns dabei.

Manchmal sah Peter vom Wohnzimmerfenster aus Klaus und Hanna auf dem Marktplatz. Er kannte sie von der Schule, aber er sprach nie mit ihnen. Sie waren eine Klasse unter ihm, und sie waren Flüchtlinge. Peter hatte gerade von Medizin zu Architektur gewechselt, als er die beiden in Heidelberg wiedertraf. In der Milchbar kamen sie ins Gespräch. Nicht mehr der Alsfelder Junge und die Flüchtlinge, sondern alle drei Neuheidelberger, Studenten, junge Menschen, befreit von Eltern, Krieg und Pranger. Alle endlich weg von zu Hause, weg von der Vergangenheit der Eltern, von Nahrungsmittelbeschaffung und Sorgen um Heizmaterial. Sie konnten zum ersten Mal jung sein und den ganzen Tag lesen und reden und manchmal sogar rauchen. Sie teilten sich Biere und Milchshakes. Sie verbrachten viel Zeit miteinander und malten sich Aussichten auf glänzende Karrieren aus. Akademische Karrieren, künstlerische, traditionelle. Die Generation über ihnen hatte haufenweise Lehrstühle, Stellen und Möglichkeiten hinterlassen. Alles, was vor ihnen gewesen war, war falsch, dreckig und schuldig. Doch wenn man sich davon einmal distanziert hatte, allein durch die Anwesenheit an einem neuen Ort, durch das Verlassen der eigenen Mütter, in Bows Fall des eigenen Vaters, wurde alles besser. Hanna war die Erste in ihrer Familie, die studierte. Aber das war nur der Anfang. Alles lag vor ihr.

Eines Tages fiel einem jungen Mann in der Mensa die Suppe vom Tablett und auf Hannas Mantel. Von da an waren sie zu viert. Robertos italienische Herkunft verlieh dem Ganzen noch ein zusätzliches Gefühl neuer Horizonte. Man war nicht mehr nur deutsch – wer wollte das schon sein? Man konnte nach vorne und überall hinblicken und sich vorstellen und wünschen, dass von nun an alles anders laufen würde. Sie waren jung, sahen das Glück auf ihrer Seite. Sie kamen aus Hessen und aus Italien, und sie bauten sich auf, was sie aufbauen konnten.

«Was wirst du bauen?», fragte Hanna ihren alten Freund Peter in der Paris Bar und lächelte verführerisch. «Ein Haus?»

«Ja», sagte Peter ernst. «Ein Haus.»

Wie es aussehen solle, wollte Hanna wissen.

«Ein Bungalow mit drei Kinderzimmern, einem Arbeitszimmer und einer großen amerikanischen Küche», sagte Bow. Küchenzeile, Theke, Esstisch, fertig. Und kein Wohnzimmer. Er hasse deutsche Wohnzimmer. Das sei nicht mehr zeitgemäß.

Mit wem er da einziehe, fragte Hanna, die alles über Peters Liebesleben erfahren wollte.

«Mit dir», sagte Peter. «Mit dir und mit Laura und mit Lotta.» Und vielleicht würden sie auch noch ein Kind kriegen.

«Da war ich still», sagte Hanna immer an dieser Stelle der Erzählung, was uns regelmäßig zum Lachen brachte, denn Hanna war nie still. Nur da, in diesem Moment in der Paris Bar. «Wir bestellten eine zweite Flasche Wein», pflegte sie dann zu sagen, «und der Rest ist Geschichte.» Unsere Geschichte. Wie alles begann. Hanna und Bow erzählten uns Töchtern oft, wer wir waren und woher wir alle kamen.

«Dann hat Papa einen Bleistift aus der Jackentasche geholt und auf einen Zettel gekritzelt», geht die Geschichte weiter. «So soll es aussehen», hat er gesagt und das Haus gezeichnet, in dem wir alle aufgewachsen sind. Flach und L-förmig sollte es werden und wurde es auch. Er zeichnete das schönste Haus, das er sich vorstellen konnte, für die schönste Frau, die er je gesehen hatte. Aber er vergaß, ihr ein Zimmer zu bauen. Und dieses fehlende Zimmer war wie ein Samenkorn zwischen die Grundmauern des Hauses geraten und wuchs und wuchs. Mit jedem Jahr, das wir als Familie dort lebten, wuchs es heran zu einem kräftigen, Beton verschlingenden Baum mit Hunderten von Ästen. Bows

Traum verwirklichte sich, aber mit dem Grundstein des Hauses hatte er die Wurzel für das Scheitern gelegt. Dieser Teil der Geschichte steht nicht in der Familienfibel.

Meine beiden Schwestern haben Klaus und Roberto in ihrem Leben, aber Bow war ihr Vater. Väter werden in unserer Familie sehr geschätzt und ernst genommen. Ich sage oft, dass wir aus unserer mütterlichen Linie mehr hätten machen können. Die Schwestern bestreiten das, schon weil ich die Jüngste bin, und die Jüngsten haben nie recht. Familienhierarchie haben sie von Ramspecks gelernt. Sie, die mit keiner Faser mit den Ramspecks verwandt sind, hängen deutlich mehr an deren jahrhundertealten Sitten und Gebräuchen als der ehemalige Peter und ich. Laura und Lotta lieben die Ramspeck'sche Stammesgeschichte und die daraus folgenden Umgangsformen. Sie lieben Wurzeln. Und sie ignorieren gern alles, was die Linie von Hanna und Tita hervorgebracht hat. Sie sind Ramspecks durch und durch. Aber vielleicht ändert sich das jetzt. Vielleicht befreit Bows Tod auch bei meinen Schwestern weggesperrte Erinnerungen an unsere Mutter.

Das Verhältnis zu den Toten bleibt dynamisch, hat eine buddhistische Freundin damals bei Hannas Einäscherung gesagt. Ich warte seither darauf, dass sich diese Dynamik zeigt. Hanna hat einen Platz in der Familienhistorie als die Verrückte, die sich viel zu weit aus dem Fenster gelehnt hat, in jeder Hinsicht. Doch auch die Toten, mit denen wir leben, sterben irgendwann. Und so wird heute vielleicht mit Bow die tote Verrückte beerdigt, mit der Lauras und Lottas Kinder durch unsere Erzählungen aufgewachsen sind. Vielleicht entsteht jetzt eine neue tote Hanna für uns alle, mit neuen Geschichten. Und vielleicht kann auch Hannas soldatischer

Vater heute endlich sterben, denke ich. Immerhin ist er schon achtzig Jahre tot, und trotzdem begleitet er uns nach wie vor.

Hanna hat Beerdigungen gehasst. Am meisten das Geräusch, das entsteht, wenn die von jedem Partygast geschaufelte Erde auf den Sargdeckel knallt. Sie nannte die Leute, die zu Beerdigungen gingen, Partygäste und wunderte sich jedes Mal wieder, dass alle so gleich angezogen waren. «Und was soll das mit diesem Hinterhergewerfe?», schimpfte sie vor jeder Beerdigung. «Klopfen alle noch mal an, ob man auch wirklich tot ist? Haben alle Angst, dass man wach in der Kiste liegt und keiner es gemerkt hat? Glauben alle, dass ihnen selber das passieren wird? Das ist Störung der Totenruhe. Hat niemand Respekt davor?»

Am Tag vor Oma Titas Beerdigung saßen wir zu fünft beim Abendessen. Hanna war aufgeregt und hielt ihren Vortrag, und Papa Bow versuchte, sie zu bremsen.

«Die fallende Erde ist ein Symbol.»

«Erde ist ein Fakt. Kein Symbol. Ein akustischer Faustschlag. Eine Ohrfeige. Dreck, den man dem anderen buchstäblich hinterherwirft, und unterstrichen wird die Aktion mit einem ordinären Rums. WER von uns fasst im Leben Dreck an? Als Baby auf dem Spielplatz vielleicht oder bei der Gartenarbeit, aber sonst?»

«Das Grab können die Hinterbliebenen nicht selber zuschaufeln, und symbolisch hilft man dem Totengräber», versuchte Bow zu erklären.

«Wieso soll ich dem helfen? Im Restaurant helfe ich den Kellnern auch nicht symbolisch beim Auftragen der Speisen. Und was hilft dem das? Entweder man hilft ihm, diese Kiste in der Erde einzubuddeln, oder man hilft ihm nicht. Einen Klumpen draufplumpsen lassen kann ich nicht als Hilfe werten.»

Bow konnte sie nicht beschwichtigen. Das war grundsätzlich sein Ansatz, den wir Töchter alle übernommen haben: Hanna beschwichtigen, wenn sie entschieden etwas sagte oder dachte. Bis hin zu den Enkeln, die sie in ihrem letzten Wunsch noch beschwichtigen wollten, haben wir das alle verinnerlicht. Und danach wurden Hannas Ideen und Vorhaben als die eigenen verkauft. Schade, dass ich das erst jetzt merke, so viele Jahre nach ihrem Tod. Sonst hätte ich sie auch einmal ernst nehmen können. Aber das hätte zu sehr dem familiären Konsens widersprochen.

Für die Bestattung von Hannas Urne hatten wir statt Erde Rosenblätter bestellt. Etwas für jeden Partygast zum Hinterherflatternlassen, zum Nachwinken wie mit einem Taschentuch. Zart und weich in der Luft. Doch das Beerdigungsinstitut hatte die Rosenblätter vergessen. Nein, eigentlich hatte Lotta sie vergessen. Sie hatte bei der Vorbereitung alle praktischen Aufgaben an sich gerissen, war dann aber von ihrem wenige Wochen alten Säugling so eingenommen gewesen, dass in der Organisation viel danebenging. Rosenblätter sind zerpflückte Blumen und werden nicht vom Totengräber bereitgestellt, sondern vom Floristen. Die Urnenbeisetzung war auf Aschermittwoch festgesetzt worden, was die Vorbereitung zusätzlich erschwerte. Florist, Beerdigungsinstitut – alles geschlossen. Überall maskierte Wesen, die sangen und schunkelten und sich um nichts kümmern wollten. Und wir Töchter irritiert, streitend und in Lottas Fall stillend in den entfesselten Straßen der Stadt unterwegs.

Dann kam der Aschermittwoch. Wir standen am Grab, und da war nichts. Keine Blumen, keine Rosenblätter, kein Eimer Erde. Kurze Pause, als der Fehler auffiel. Lotta, die Verantwortliche, fand als Erste zu einer Reaktion. Sie bückte sich, klaubte Dreck vom Friedhofsweg auf und schmiss ihn hinterher. Es gab kein Geräusch, die Ladung war zu dünn. Aber es sah irre aus. Lotta, ihre Tochter um den Bauch geschnallt, kratzte am winterlich kalten Pfad herum und ließ ein paar Sandkörner auf die Urne rieseln. Ich versuchte, die anderen Gäste davon abzuhalten, es Lotta nachzutun. Ich verteilte Taschentücher und einzelne Blütenblätter von den Blumen an meinem kleinen Strauß.

«Wieso hast du überhaupt einen Strauß dabei?», fragte Lotta aufgebracht. «Wir hatten gesagt, ich besorge die Blumen!»

«Und, hast du?»

«Lotta ist stilldement, lass sie in Ruhe. Du hast ja keine Ahnung», flüsterte mir Laura ins Ohr.

Beide Schwestern waren plötzlich wütend auf mich. Mein Gesicht war anscheinend mal wieder in Großbuchstaben unterwegs gewesen, und mein Blick auf Lotta am offenen Grab, wie sie unserer Mutter Dreck hinterherwarf, musste laut und deutlich Missfallen ausgedrückt haben. Lottas Gesicht schimpfte mich aus in allen Farben. Wenn nicht ihr Baby im Tragetuch zwischen uns gewesen wäre, hätte ich ihre flache Hand im Gesicht gehabt. Lotta hat keine Hemmungen, vor anderen auszuteilen.

Ich ging an das offene Loch in der Erde und warf Hanna Luft hinterher. Laura tat es mir nach und setzte in ihrer Verunsicherung Hannas Pokergesicht auf, das sie schon als Kind versucht hatte zu kopieren. Sie fand einfach kein eigenes.

Bei Hanna war es perfekt. Durchlässig und abweisend zugleich. Hanna konnte auch hervorragend pokern und zockte gern mit uns Töchtern am Heiligen Abend. Zur Bescherung gab es bei uns oft Geld von Verwandten aller Art. Wir hatten auf den verschiedenen Seiten zahlreiche Familienmitglieder, die aber nicht unbedingt für jede von uns galten und die unterschiedlich mit dieser Situation umgingen. Hanna fand es ungerecht, wenn eine ihrer Töchter um Mitternacht ihre Scheinchen zählte, die aus hässlichen Weihnachtskarten herausgefallen waren, und mehr hatte als die anderen. Das brachte sie auf die Idee, um Geld zu spielen, noch an Ort und Stelle. Sie hatte von Kindesbeinen an gespielt. Vielleicht war auf Schulhöfen und Schwarzmärkten der Nachkriegszeit viel mit Karten geregelt worden. Hanna hatte drei jüngere Geschwister gehabt und gewisse elterliche Verpflichtungen verspürt. Und Hunger. Wie oft hat sie strahlend vom «Organisieren» in der Nachkriegszeit erzählt. Unser modernes Shoppen war ihr ein Graus, und wenn wir vollgepackt mit Tüten aus der Fußgängerzone nach Hause kamen, lachte sie uns höhnisch aus. Sie hatte sich alles ergaunern, erarbeiten und erschwindeln müssen, und sie war stolz darauf. Wie viel Butter oder Eier oder Zigaretten als Tauschware hat sie sich durch Pokern beschafft?

Hanna hatte dieses sehr besondere Gesicht beim Spielen: Tiefenkonzentration, völlige Entspannung, in the zone. Wie eine Seiltänzerin. Es darf kein Schritt danebengehen, sagte ihr der innere Drang nach Sieg. Dabei mischte sich in ihren Ausdruck auch etwas lächelnde Überheblichkeit. Sie wusste, wir konnten sie nicht durchschauen. Sie war unsere Mutter. Sie bluffte sowieso immer. Mit allem. Laura versuchte, Hannas Gesicht nachzuahmen, aber es gelang ihr nie, und sie wusste ohnehin nicht, was mit den Karten zu tun war. Ich wusste es auch nicht besser und war zudem nicht gierig genug. Zu dieser

Zeit konnte ich mir Geld nur im Gegenwert von Lollis, sauren Zungen und Salmiakpastillen vorstellen. Die Geldbündel der Schwestern überstiegen meine Rechenkapazitäten und waren dadurch abstrakt.

Einmal maulte mich Lotta an, schwer beleidigt wegen der hohen Gewinne, die Hanna eingefahren hatte: «Mit dir kann man nicht spielen, du kapierst einfach nicht, was Bluffen ist. Man merkt sofort, wenn du eine gute Hand hast. Wenn du was riskierst, wissen alle in der Runde, dass du auch gewinnen wirst. So können wir Mama nie fertigmachen.» Ich lief weinend in mein Zimmer. Hanna beendete das Spiel und verteilte den gewonnenen Schatz gleichmäßig unter ihren drei Töchtern, woraufhin Lotta weinend in ihr Zimmer rannte. Sie hatte vorher am meisten Geld gehabt und nun genauso viel wie wir anderen. Mama war Mama genug, um nun von einem Bett zum anderen zu wandern, Schokoladenplätzchen und summende, beruhigende Worte verteilend.

Die Hand meiner Mutter auf meinem Kopf, fahrig und zittrig. Manchmal bleibt der Verschluss ihres Armbandes in meinen Haaren hängen und ziept. Aber sie summt und murmelt weiter und weiß um die mütterliche Kraft der körperlichen Besänftigung.

Heute frage ich mich, wie sie selbst, als Hanna und nicht als Mama, sich empfunden hat, wenn sie weich und lieb neben einer von uns am Bettrand saß. Allwissend? Allbehütend? Oder im Gegenteil genervt und ausgesogen? Habe ich sie ausgesogen, wenn ich weinend und wimmernd meinen Teddy umkrallte und von ihr beruhigt werden wollte? Oder war ich ihre Muse, und sie sog eigentlich mich aus? War das erfundene Schlaflied, das sie mir summte, etwas, das sie später in der

Nacht mit Worten auskleiden und zu Papier bringen würde? Ein poetischer Triumph, der nichts, aber auch gar nichts damit zu tun hatte, dass ihr jüngstes Kind beschämt war über die Unfähigkeit, beim Weihnachtspoker zu bluffen?

Ich bin genauso ungeschickt mit meinen Händen wie Hanna. Doch anders als meine Mutter habe ich keine Tochter, die mich dafür hasst. Wenn man klein ist, wird man täglich von seiner Mutter an- und wieder ausgezogen. Dabei müssen Reißverschlüsse, Knoten oder Knopfleisten bewältigt werden. Meine Mutter fummelte an all diesen Hürden herum, mit Ungeduld, Wut und Energie. Diese stetige, heitere Energie.

Einmal, als sie mich vom Kindergarten abholte, machte sie sich am Reißverschluss meines Anoraks zu schaffen. Unsere Köpfe stießen zusammen, ihr schwitzendes, schwer atmendes Gesicht direkt vor meinem. Ich stand in meiner braunen Jacke mit gelb-orangen Streifen im Flur des Kindergartens vor dem Maiglöckchenfach. Mir war heiß. Ich hatte die Kapuze schon auf dem Kopf, sodass meine Sicht eingeschränkt war. Die übrigen Kinder, die auch gerade in regenfeste Kleidung gestopft wurden, sah ich kaum. Hanna hatte eine fröhliche, unterhaltende Stimme. Die anderen Mütter waren hingerissen von ihrem Charme. Sie dominierte die kleine Runde mit Präsenz und Strahlen und fummelte weiter an meinem Reißverschluss herum. Je schwieriger es wurde, desto aufgekratzter wurde ihre Laune. Manchmal machte sie kurz Pause, um anderen Kindern zu helfen, einen Schuh anzuziehen oder ein Spielzeug unter der Sitzbank hervorzukramen. Ich schaute schweigend zu. Dann fing ich stumm an zu weinen. Mir war so heiß im voll beheizten Flur des Kindergartens. Hanna wollte mir tröstend mit einem Finger über die Wange streichen und ritzte mich dabei mit einem angerissenen Fingernagel. «Nicht schlimm», sagte sie, als ich von dem kurzen Schmerz wegzuckte. Plötzlich glitt am Reißverschluss alles an die richtige Stelle, aber so überraschend, dass Hanna das Schiffchen viel zu kraftvoll hochriss und mit dem Handrücken fest unter meinem Kinn endete. Ein echter Kinnhaken, könnte man rückblickend sagen. Um zwölf Uhr dreißig, am Ende eines deutschen Kindergartentages in den Siebzigern.

Ein Kinnhaken war bei Hanna ein unbedeutendes «Nicht schlimm!»-Ereignis. Ich war froh, als ich endlich auf der Rückbank ihrer Ente saß und sie mit der klemmenden Revolverschaltung so beschäftigt war, dass ich aus ihrer ohnehin löchrigen Aufmerksamkeit nun gänzlich rausfiel. Ich schob meine Kapuze runter und zog langsam, vorsichtig und beharrlich am Reißverschluss. Millimeter für Millimeter öffnete ich meine Jacke, aber ganz unten ließ ich sie zu. Egal wie heiß mir werden würde in diesem Auto, da unten war heute genug rumgefummelt worden. Der Reißverschluss würde erst wieder ganz geöffnet werden, wenn ich genau wusste, ich werde die Jacke den Rest des Tages nicht mehr brauchen. Wahrscheinlich dann, wenn ich in den Schlafanzug wechseln würde. Das Anziehen hatte viel gekostet, da sollte sich das Tragen lohnen. Eines Tages würde ich groß genug sein, um den Reißverschluss selbst schließen zu können, und dann würde alles besser werden.

Mein Vater fährt in die Grube, wie er gelebt hat, denke ich bei der Beerdigung. Bescheiden und angeberisch zugleich. Die Rede, die verlesen wird, hat er selber verfasst. Sie ist viele Jahre alt und scheint lange nicht aktualisiert worden zu sein. Sie handelt von seinem Buch über Architektur und Aufbau und der intensiven Arbeit daran. Er muss diese Worte geschrieben haben, kurz nachdem Hanna ausgezogen ist, denke ich. Oder kurz bevor sie bei ihm eingezogen war?

Alle paar Jahre ein Kind von einem neuen Mann, so hatte Hanna ihre Zwanziger verbracht. Erst Laura, dann Lotta. Ich hatte etwas auf mich warten lassen, sagte Bow gern über den großen Abstand zu meinen Schwestern. Mit vierzig hatte Hanna das Konzept «ein Kind pro Mann» aufgegeben und wollte mit Bow noch ein zweites. Als das nicht ging, wurde die Reproduktion eingestellt.

Der junge Peter war begeistert gewesen von Baby Laura, dem ersten Kind der Clique, damals in Heidelberg. Als Hanna dann ein Kind von Roberto bekam, muss Peter-Bow ein Licht aufgegangen sein.

Die zweite Hochzeit fand in Syrakus statt, nahe dem Amphitheater. Hanna war im siebten Monat schwanger. «Keiner hat etwas gesehen, so schlank war ich damals», erzählte sie. Ich bin mir nicht sicher, ob das stimmt und ob das gesund gewesen sein kann. Laut dem Buch Hanna war diese zweite Ehe ab der Sekunde besiegelt, als ihre Hand, geführt von der des schönen Sizilianers, die Hochzeitstorte anschneiden sollte. Die beiden Hände lagen aufeinander, Robertos auf Hannas Hand, die das scharfe, lange Messer fest am Griff hielt. Die glänzenden, neuen Eheringe berührten sich. Der Schleier der Braut wehte in das Gesicht des Bräutigams. Er nestelte umständlich daran herum, während zahlreiche Verwandte Fotos schossen und das Paar glücklich lächelnd den Moment, in dem das Messer die zarte Marzipanrinde durchstoßen würde, hinauszögerte. Der Moment kam, das Messer stockte, Hanna drückte fester, Roberto zerrte Hannas Hand in die Gegenrichtung. Es gab ein Gerangel, verblüffte Laute wurden hörbar, ich glaube, sogar die Zeit blieb für ein paar Sekunden stehen. Und dann flog die Torte in hohem Bogen durch die Luft – sie war aus Pappe. Roberto hatte es die ganze Zeit gewusst. Er hatte die Torte aus Kostengründen so bestellt, aber er wollte es um jeden Preis vor seiner glühenden, schwangeren Signora verbergen. Er wollte es so dringend verbergen, dass er ihre Hand mit dem Messer selber zu führen versuchte, als sie in die mit Zucker überzogene Pappe schnitt. Er dachte, er könnte sie durch den sanften Druck seiner ausdrucksstarken und ausgesprochen schönen Hand tatsächlich davon überzeugen, dass die Pappe Torte ist. Konnte er nicht. Die Torte flog und flog.

Ute, Hannas beste Freundin, hat später ein Ölbild davon gemalt und Hanna zum fünfzigsten Geburtstag geschenkt. Ich weiß noch, wie beleidigt ich war, als ich das Bild sah, denn es war die Hochzeit anderer Eltern, eine Ehe, die nicht lange gehalten hat. Eine Ehe, der vom ersten Moment ein Betrug innewohnte, der Glaube des Gatten, der Frau alles weismachen zu können. Ute brachte das Geschenk, kurz bevor Mama bei uns, bei Bow auszog. Hat es diese Torte des Verrats gegeben?

Wir Schwestern hangeln uns in dieser Frage oft gemeinsam mit Anekdoten der Familienchronik von einer Erklärung zur nächsten, haben aber bis heute nie zu einer befriedigenden Antwort gefunden. Gemeinsam die Anekdoten nachzuerzählen, ist eine heikle Angelegenheit. Erinnerungen bilden das Fundament unserer Biographien. Wenn bei einer von uns die Erinnerung abweicht, wird die Luft dünn zwischen uns. Oder dick wie Pudding. Ich habe den Blick der jungen Hanna, die aus dem Rückfenster des Autos auf Dackel, Puppen und Bücher schaut, nicht alleine geerbt. In angespannten Situationen, in denen wir Möglichkeiten zur Entladung suchen, können wir darauf zurückgreifen und hervorragend streiten. Trug der Dackel ein Halsband? Und wenn ja, wie sah es aus? Uns wurde nur das Motiv vermacht, ein Bild davon hat jede allein gemalt.

«Der Fuß aus dem Bett» gehört zu den friedlicheren Anekdoten. In der Kindheit war sie eine unserer Lieblingsgeschichten, ein wichtiger Bestandteil der familiären Überlieferung, oft lachend und fröhlich erzählt, eine Art Warnung vor Alkohol und zugleich Ermunterung zu totalem Kontrollverlust.

«Wir waren noch nicht lange verheiratet, da kamen wir von einer Examensfeier nach Hause», fing Bow üblicherweise an.

«Robertos Staatsexamen», lachte Hanna dann laut, mit einem scharfen Anschub in der Mitte des Lachers. Man wusste nicht, ob sie Roberto innerlich bestätigend zulachte oder Bow irgendwie hochnahm und bloßstellte.

«Wir hatten alle schon abgeschrieben, dass er diese Prüfung jemals ablegen, geschweige denn schaffen würde», sagte Bow.

Harmlose Seitenhiebe auf Roberto waren Teil dieser Anekdote. Roberto der Italiener, der Erbe und bei aller Freundschaft gleichsam der Hallodri. Bow dagegen der Enterbte, der Davongegangene, der hart hatte arbeiten müssen für alles, was er später besaß. Auch sein Buch über Architektur und Aufbau hatte sich nicht von allein geschrieben. Er war zufrieden mit sich und seinem Erfolg und wollte, dass es alle wussten. Wir Töchter strahlten ihn an und hingen an seinen Lippen.

«Aber eines Tages hatte Roberto es tatsächlich vollbracht, und er hat uns in die Heidelberger Milchbar zum Feiern eingeladen, dorthin, wo wir das Studium begonnen hatten.»

«Wir haben das Studium nicht in der Milchbar begonnen», sagte Hanna.

«Da haben wir uns kennengelernt», sagte Bow.

«Roberto haben wir in der Mensa kennengelernt. In der Milchbar haben wir gemeinsam Fernsehen geguckt, auf dem einzigen Fernseher in ganz Heidelberg. Wir haben die Papiertüten von unseren Strohhalmen an die Decke gepustet, wo sie kleben blieben. Die ganze Decke war eine einzige Masse von klebenden, in der Luft des Deckenventilators hin- und herschwingenden Strohhalmtüten.»

Der einzige Fernseher von Heidelberg – von mir aus, da gehe ich noch mit. Aber die an der Decke klebenden Strohhalmtüten? Diesen Teil der Geschichte habe ich noch nie geglaubt. Mit zahlreichen Freundinnen habe ich versucht, das Deckenszenario nachzustellen, in Eisdielen mit Namen wie Jesolo oder Venezia. Nie haben wir es geschafft, eine Tüte an der Decke zu platzieren. Was sollen das für Strohhalme gewesen sein, was für eine Art von Superleichtpapier, dass diese Tütchen bis zur Decke geflogen sind? Oder war die Decke so niedrig, dass man sie mit der Hand berühren und Papa Bow nur mit eingezogenem Kopf in der Milchbar stehen konnte? Aus welchem Material soll die klebrige Decke gewesen sein? Wir haben den Eltern bei dieser Geschichte nie widersprochen. Warum auch, sie ist sehr schön. Ich weiß auch nicht, was eine Milchbar ist, was kümmern mich da Strohhalmtüten an der Decke?

«Eure Mutter hat ein Glas Wein nach dem anderen getrunken, und dann hat sie laut gesungen auf der Straße. Sie hat mit Roberto getanzt, und mir ist sie auf die Füße getreten.»

«Nur weil du so groß bist. Ich musste mich auf deine Schuhspitzen stellen, um mit dir tanzen zu können.»

Lotta liebt diese Geschichte mehr als Laura und ich, weil Hanna und Roberto hier gemeinsam tanzen.

«Und dann, was ist dann passiert?», musste eine von uns Töchtern an dieser Stelle fragen. Bei dieser Hochglanzanekdote gehörte das dazu. Wir mussten aktiv mitmachen, dann erst war es wirklich gut.

«Was dann passiert ist? Eure Mutter ist mir auf die Füße getreten, hat einen Limerick auf Roberto gedichtet und ist umgefallen.»

«Oh nein, umgefallen? Einfach auf der Straße umgefallen?»

«Gott sei Dank stand Klaus hinter ihr.»

Auftritt Lauras Vater. Endlich. Manchmal schaffte Bow es, ihn früher einzuführen. Laura wartete immer darauf, und wenn es zu lange dauerte, führte sie ihn selber ein mit Zwischenfragen wie: «Und Klaus war nicht betrunken, oder was?» Billig, einfach nur billig, Laura, dachte ich dann, später, als wir schon größer waren.

«Klaus versuchte gerade, Roberto davon abzuhalten, einen Laternenpfahl hochzuklettern, als eure Mutter in seinen Rücken stolperte. Er wollte Roberto von seiner Idee abbringen, aber er packte ihn nicht am Arm, um ihn festzuhalten, sondern redete nur auf ihn ein. Er hatte ein bisschen Angst vor Robertos Kraft.»

Lotta grinste an dieser Stelle meistens breit. Lauras Vater Klaus hatte Angst vor ihrem Papa Roberto.

«Das glaub ich nicht», sagte Laura. «Wie stark soll Roberto denn gewesen sein und woher? Er hat doch nur in der Bibliothek gesessen und gelernt.»

«Eben nicht, sonst hätte es ja nicht so lange gedauert mit dem Studium.»

«Blödsinn, man kann auch lernen UND Sport machen, nur ihr hessischen Heulbojen könnt so was nicht!», hielt Lotta ihr entgegen. Auch das war Teil des Rituals, selbst der Ausdruck «hessische Heulbojen», der sonst nie gebraucht wurde. Er existierte nur im gemeinsamen Erzählen dieser Anekdote.

«Eure Mutter fiel in Klaus' Rücken und sackte langsam an ihm herunter. Klaus und ich wollten ihr aufhelfen, aber Roberto war auf einmal schneller. Statt am Laternenpfahl hochzuspringen, hatte er sich neben eure Mutter auf die Straße gelegt. Als lägen sie gemeinsam auf einem Bett. Er fingerte eine Zigarette aus der Tasche, zündete sie an und steckte sie eurer Mutter zwischen die Zähne.»

«‹Du rauchst doch gar nicht›, hast du gerufen», sagte Hanna lächelnd zu Bow.

«‹Heute schon›, hast du geantwortet. Und dann wurde dir schlecht», antwortete Bow.

«Mir war so schwindelig, alles hat sich gedreht, und dann hat euer Papa gesagt –»

«Welcher Papa?», unterbrach der Chor der Töchter geübt an dieser Stelle.

«Euer Papa Bow hat dann gesagt: ‹Stell den Fuß aus dem Bett, dann kannst du das Drehen anhalten.› Und das habe ich gemacht.»

«Aber du lagst doch auf der Straße und nicht auf dem Bett», rief der Chor.

«Nein», sagte Papa Bow an dieser Stelle der Geschichte. «Da lag sie schon in ihrem Bett. Klaus und ich haben sie nach Hause getragen.»

«Und wo war mein Papa?», musste Lotta zum Abschluss fragen.

«Roberto? Das hab ich vergessen. Wahrscheinlich ist er einfach auf der Straße liegen geblieben und hat zu Ende geraucht, bis der Straßenkehrer gekommen ist und ihn aufgefegt hat.»

Im Architektenhaus später wurde nur noch selten getrunken. Es gab oft Gäste, doch Hanna hielt sich zurück, so gut sie konnte. Eigentlich hielt Bow sie zurück, indem er ihr Wasser nachschenkte statt Wein.

In den Jahren bevor sie auszog, hatte Hanna es sich angewöhnt, sich cremefarben zu kleiden, wenn Besuch kam. Sie hatte sich das von den Zahnarztgattinnen und anderen Golf fahrenden Frauen in der Nachbarschaft abgeguckt. Die übrigen leer gebombten Grundstücke um Bows Bungalow herum waren nach und nach ebenfalls bebaut worden, und es waren mehr und mehr «richtige Leute» hergezogen, wie Bow meinte. «Richtige Leute» waren Hanna auch wichtig, doch aus ihrem Mund klangen die Wörter wie eine Beschimpfung, verschleiert als bewunderndes Lob. Für sie blieben wohl eher Leute, denen die perfekte Übersetzung eines Zwetajewa-Gedichts wichtiger war als eine Mitgliedschaft im Rotary-Club, die «richtigen Leute».

Bow wollte nicht nur dazugehören, er wollte glänzen. Sein Haus war inzwischen eines der ältesten in der Straße, aber weiterhin das mit Abstand modernste. Niemand sonst hatte eine amerikanische Küche. Er gab gern damit an und forderte Hanna auf, Nachbarinnen oder Kollegen zu sogenannten Imbissen einzuladen. Zu ihrer cremefarbenen Hose und Bluse trug Hanna zu diesen Anlässen locker verteilten Goldschmuck. Rückblickend kann man sagen, sie gab sich größte Mühe, alles richtig zu machen. Und trotzdem landete meistens ein Stück Kuchen oder etwas Lachscanapé auf dem Cremeweiß. Später, wenn alle Gäste gegangen waren, wurde geschrien. Lotta und ich verkrochen uns in unsere Betten. Manchmal zusammen in eines, manchmal jede für sich. Und manchmal wurde Laura in ihrer WG angerufen, sie solle kommen und vermitteln. Die cremefarbene Frau und Bows Rotary-Runden waren erst nach ihrem Auszug entstanden. Hanna und Laura saßen dann oft die halbe Nacht zusammen und redeten, mal laut, mal leise, mitunter verzweifelt.

Als ich einmal nach einer solchen Nacht morgens in die Küche kam, um mir mein Frühstück zu machen, stand Hanna dort und kochte Tee. Ich hatte sie noch nie so früh in der Küche gesehen. In unserer Familie bekam jede Tochter zur Einschulung einen Wecker geschenkt, und ab da organisierten wir uns selbst. Hanna empfand frühes Aufstehen als eine Zumutung des bürgerlichen Lebens, mit der man sie nicht belästigen konnte. An diesem Morgen trug sie eine rostfarbene Hose und einen rostfarbenen Rolli. Vor ihr stand dampfend die Teekanne, daneben die Teeuhr.

«Du machst doch nie Tee», sagte ich.

«Den mach ich für Papa», sagte Hanna und tippte mit den Fingerspitzen auf einer Filtertüte für die Kaffeemaschine herum. Die Filtertüte wanderte durch ihre Hände. Als die Teeuhr klingelte, rührte sie sich nicht. Bow kam herein und stellte den Timer ab. Hanna hatte nicht einmal danach gegriffen.

«Mein Tee ist fertig», sagte er.

«Ja», sagte Hanna, «dann ist doch gut.»

Sie drehte und wendete weiter die Filtertüte in ihren Händen. Laura wurde wieder angerufen und kam ins Haus, um Hanna die Filtertüte aus der Hand zu nehmen. Und dann nahm Laura mich und Lotta bei der Hand und brachte uns in ihr altes Zimmer.

«Wir müssen zur Schule», sagte ich, aber niemand reagierte. Für diese Unterredung musste anscheinend sogar Schule ausfallen. Wir saßen auf Lauras Bett, jetzt das Gästebett. Hanna hatte kurz versucht, dort ein Arbeitszimmer für sich zu reklamieren, doch Bow, Lotta und ich fanden das nicht nötig. Wo sollte außerdem Laura schlafen, wenn sie mal nach Hause kam? «Sie hat eine eigene Wohnung in derselben Stadt, und in der Wohnküche gibt es ein großes Sofa», hatte Hanna geantwortet. Aber es änderte nichts.

Es ist schwer, die Erinnerungen in der chronologischen Ordnung zu halten. Geschichten erzählen die Ereignisse nacheinander. Ein Erlebnis folgt auf das nächste und scheint deswegen eine Folge zu sein, oder eine Konsequenz. Die Geschichte von Hanna ist aber keine lineare. Die Geschichte von Hanna ist eine Welt von Ereignissen, die wie Monde auf verschiedenen ovalen Umlaufbahnen wieder und wieder aneinander vorüberziehen. Hanna in der Mitte, um sie herum die schwirrenden Planeten: die Badeanstalt in Neiße, das vierblättrige Kleeblatt in Heidelberg, das Haus in Köln, die Flucht, die Zeit vor der Ehe, die Hochzeit in Syrakus, die Fahrradreise mit Klaus, Alsfeld, der Pranger, der Golf, die Ente. Die Ereignisse entfernen sich und kehren wieder, im Winter kann man sich den Sommer nicht vorstellen und umgekehrt.

«Setzt euch hin und hört zu», sagte Laura, und dann erklärte sie uns die Lage. Die sich nun stark verändernde Lage. «Wisst ihr noch, wie Mama mal so lange im Bett lag?»

«Ja, sie hatte sich eine Rippe gebrochen, weil bei einem Unwetter die Markise an der Garage auf sie draufgefallen war», sagte ich. Damals auf dem Bett in Lauras Zimmer war das noch gesetztes Familienwissen. Von heute aus betrachtet, frage ich die imaginären Schwestern in meinem Kopf: «Wer bitte hat eine Markise an der Garage und wofür?» – «Für das Auto, du Doofi», bekomme ich als Antwort (schlechter Sprachgebrauch der Schwestern, aber was soll ich machen, so reden sie eben, wenn ich sie mir vorstelle, so wie jetzt hier am sturmumtosten Grab unseres Vaters in den Tiefen meiner Erinnerungen). «Die

Markise war für das Auto?», frage ich zurück. «Ja klar, für ihre Ente, du Doofi. Papa hatte für seinen Wagen eine Garage gebaut und daneben einen ungeschützten Freiplatz für Mamas Ente. Und damit die im Sommer nicht so heiß wird, hat er eine Markise anbringen lassen.» Ich bezweifle diese Geschichte. Es gibt kein einziges Foto als Beleg. Sehr wohl aber Fotos von einer Markise auf der hinteren Seite des Hauses bei der Gartenterrasse. Vorne hätte eine Markise nie Sinn ergeben. Ich muss unbedingt einmal nach Köln fahren, um an dem Haus nachzuschauen, ob es da Spuren einer Markise gibt.

«Mama wollte die Markise hochkurbeln, wegen des Unwetters. Die Markise wurde aber von einer Böe heruntergedrückt und brach ihr das Schlüsselbein», sagte Laura.

«Stimmt gar nicht», antwortete ich. «Sie hat sich die Rippe gebrochen. ICH hatte mal das Schlüsselbein gebrochen, weil du mich vom Sofa geschubst hast.»

«Du warst sechs, hattest nach unserem Streit eine Platzwunde am Kopf, weil du hinter mir hergestürzt bist, HINTER mir her», fauchte Laura.

«Gar nicht», sagte Lotta zu Laura. «Erst hast du die Kleine geschubst, und dann bist du gestolpert. Und dann hattest DU eine Platzwunde. Du hast so geheult, dass Papa Bow dich sofort ins Krankenhaus gebracht hat und die Wunde genäht wurde.»

«Während ICH das Schlüsselbein gebrochen hatte», sagte ich, den Tränen nah.

«Völliger Unsinn, aber auch vollkommen egal. Mama hat die Markise abbekommen und –»

«– und hat sich die Rippe gebrochen», vollendete ich Lauras Satz.

«Sie hat recht», sagte Lotta und tat so, als würde sie auf den

Boden spucken. Dann formte sie mit Daumen und Zeigefinger ein O und sagte: «Leck's auf oder spring durchs Loch.» Wir hatten das vom Schulhof. Mit dieser Geste bekräftigten wir seit der ersten Klasse den Wahrheitsgehalt unserer Aussagen und die Unwiderlegbarkeit des Gesagten. Wären wir bei diesem Verhalten geblieben, hätten wir uns im Erwachsenenalter viele Diskussionen ersparen können.

«Gut, sie hat die Markise abbekommen und sich dabei die Rippe oder das Schlüsselbein gebrochen. Sie lag danach wochenlang im Bett und hatte unglaubliche Schmerzen.» An dieser Stelle hatten wir alle dieselbe Erinnerung oder dieselbe Erzählung im Kopf. Hanna lag im Bett, und wir wohnten bei der Nachbarin mit ihrem vom Krieg zerstörten, kettenrauchenden Ehemann. Wir bekamen drei Mahlzeiten am Tag, gingen zur Schule und warteten auf Hannas Genesung. Papa Bow war ratlos, und Papa Roberto kam einige Male zu Besuch und ging mit uns Eis essen.

«Die Rippe muss irgendwann verheilt gewesen sein», sagte Laura dann. «Doch Mama ist weiterhin im Bett geblieben und wir bei der Nachbarin.»

«Aha», sagte ich. «Wieso?»

«Wegen des schwarzen Hundes», sagte Laura und machte eine raunende, leicht drohende Pause. Ich war verwirrt. Sollte ich Angst haben? Oder wurde Bewunderung erwartet? Und wenn ja, wofür?

«Was für ein schwarzer Hund?», fragte ich.

«Das habe ich in einer Biographie über Churchill gelesen», fuhr Laura fort und ließ den Namen Churchill lässig und allwissend in der Luft hängen. «Er hat seine Depressionen so bezeichnet. Besuch des schwarzen Hundes.»

Wieder eine Pause.

«War Puz der Dackel nicht braun?», fragte ich langsam.

«Das ist ein Bild, Doofi, ein sprachliches Bild», sagte Lotta schließlich. «So viel musst selbst du hirnlose Kröte schon in deine dämliche Architektentochterbirne reingequetscht bekommen haben, dass du ein sprachliches Bild erkennen kannst.»

Der Mann, der den Zweiten Weltkrieg mit beendet hatte, denke ich heute, musste wieder und wieder wochenlang im Bett, im Garten oder auf der Chaiselongue im Salon überdauern und hoffen, dass eines Tages die Energie wiederkommen würde, einen Fuß vor den anderen zu setzen oder auch nur aufs Klo zu gehen.

Während Laura uns das alles erklärte, saß Papa Bow in seinem Arbeitszimmer. Er hatte keinen Zugang zu der rostfarbenen Frau mit der Filtertüte in der Hand. Er hatte Laura angerufen, mehr konnte er nicht tun. Und wenn die Kleineren heute mal zu spät zur Schule kamen, dann war das nicht weiter schlimm. Er saß an seiner ersten computergestützten Schreibmaschine, und die machte ihn normalerweise glücklich. Neueste Technik war für Bow beruhigend und aufregend zugleich. Er forderte uns in seiner Begeisterung auf, den neuen Schreibautomaten wie ein neues Familienmitglied zu begrüßen. Er hatte ihn an einem eigens dafür gekauften Tisch installiert und rief uns in sein Büro. Wir setzten uns nacheinander hin und beobachteten fasziniert die orangefarbenen Buchstaben, die auf einem Display hinter der Tastatur stetig von links nach rechts allen neu gefundenen Worten Sichtbarkeit gaben. Laura, Lotta und ich drückten nacheinander die sperrigen Tasten. Hanna war als Letzte dran und blickte hochmütig auf das flimmernde Wortband.

«Das blendet mich. Es blinkt hysterisch. Auf meiner Schreibmaschine geht es von oben nach unten. Wie ich lese, so schreibe ich.»

Pause.

«Wie ein Gedicht da seine Form finden soll, keine Ahnung.»

Wir sahen zu Bow. Sein Gesicht war erloschen. Er nahm sich Zeit, wortlos den Raum mit dicker Luft zu füllen. Wir Töchter wichen ein paar winzige Schritte zurück. Hanna stand einfach da. Die dicke Luft kam in ihrem Biotop nicht an. Die Membran, die ihre Persönlichkeit von der Außenwelt abgrenzte, war in diesem Moment vollkommen undurchlässig. Laura und Lotta brachen in schrilles Gelächter aus, stets das beste Mittel, um dicke Luft zu verdünnen. Die Frage nach der Entstehung von Gedichten wurde dem Fortschritt der Technik entgegengehalten? Bow war fassungslos.

Was machte ihn so wütend in diesem Moment, und warum erkenne ich heute zum ersten Mal, dass das Wut war, die da zwischen uns durchs Arbeitszimmer waberte? Was störte ihn an dieser aus Hannas Sicht sachlichen Bemerkung? An welcher Stelle fühlte er sich getroffen? Hatte Hanna seine Liebe zu den Maschinen beleidigt? Oder schwang in ihrem Einwand der Vorwurf mit, etwas verraten zu haben, an das sie gemeinsam geglaubt hatten, damals in Heidelberg? Sah er in Hanna eine eifersüchtige Spaßbremse, die nur austeilte, weil sie sich heimlich ärgerte, dass ihre unterbezahlten Lyrikübersetzungen weiter nah an der Sehnenscheidenentzündung in die stockende alte Olympia gehackt werden mussten, während er von seinem Büro diesen Zauberkasten gestellt bekam, ohne einen Pfennig dafür zu zahlen? Oder reichte es schon, dass Hanna ihm vor uns Töchtern widersprochen hatte?

Laura und Lotta machten Witze über Gedichte, die sich materialisierten und die Maschine aus dem Architekturbüro vermöbeln wollten, doch sie hatten keine Chance, weil sie nur aus Papier waren. Sie hüpften leicht wie Papierflieger aus der Blatteinlage der Schreibmaschine hervor, tanzten durch die Luft, aber vor dem Display wurden sie ohnmächtig und zerfielen zu Staub. Ich lachte mit und erfand Buchstaben, die mit Sensen bewaffnet versuchten, die elektrische Maschine anzugreifen. Das brachte Hanna dazu, laut zu lachen, und die Schwestern wendeten sich gegen mich: «Du Mamakind. Buchstaben, die mit Sensen um sich hauen, was für ein kranker Comic soll das denn sein?»

«Manchmal haben Buchstaben Sensen und scharfe Klingen und sind gefährlich, während Mauern und Maschinen einfach so dastehen und irgendwann kaputtgehen. Das passiert Wörtern nie», sagte Hanna.

Sie drehte sich um und hatte einen sensationellen Abgang. Ich versuchte, so elegant und großspurig wie möglich hinterherzugehen. Bow lächelte. Schmal. Schief. Unversöhnlich.

Lotta setzte noch mal an, den neuen Schreibapparat zu verteidigen, doch das Loblied versank in Bows innerem Sturm, von dem wir nur die von einem Lächeln camouflierte Druckwelle zu spüren bekamen. Was war das für eine Sprache, die aus der Physis des Mannes im Haus herausdiffundierte und keinen einzigen Buchstaben mit sich trug? Und warum war dieses Wabern lauter und klarer vernehmlich als jedes gesprochene Wort meiner Mutter? Und hörte Hanna dieser silbenlosen Sprache zu, oder war sie abwesend und formte stattdessen Gedichte im Kopf, an einem imaginären Schreibtisch, in einem ausgedachten Zimmer?

Hanna fing an zu kochen. Ich stand die ganze Zeit so dicht hinter ihr, dass sie mir viele Male auf die Füße trat.

«Jetzt setz dich mal an die Theke», sagte sie. «Ich kann gar nichts machen, wenn du so an mir dranklebst.»

Ein Satz, den ich oft von ihr hörte.

Hanna arbeitete in der Universitätsbibliothek, wenn sie nicht gerade für uns kochte. Sie beaufsichtigte die Abteilung des slawistischen Instituts. Bow hat nie ein Wort darüber verloren, dass er seiner Ehefrau die Erlaubnis unterschreiben musste, eine Arbeitsstelle anzunehmen. Er hat aber auch nie ein Wort darüber verloren, wie absurd es war, dass er diese Erlaubnis zu erteilen hatte. Und noch weniger darüber, dass es selbstverständlich Hannas Aufgabe war, jeden Tag ein frisch gekochtes Mittagessen auf den Tisch zu stellen. Er hätte leicht in der Kantine essen können, wie seine Kollegen. Aber das war für Bow keine Alternative. Opa Ramspeck war bei der Geburt seines jüngsten Sohnes Peter Mitte fünfzig gewesen. Opa Ramspeck hatte seine Tischsitten als Kind gelernt, fast ein halbes Jahrhundert vor Bows Geburt. Der Tisch in Opa Ramspecks Haus war groß, an ihm saßen seine acht Kinder, die Ehefrau und alle Angestellten der Arztpraxis. Das Essen wurde von Angestellten zubereitet. So hatte ein ordentliches Mittagessen zu sein, das war Familie, fand Bow. Auch in der Ehe mit Hanna und ihren Töchtern musste es so sein.

Eigentlich war Oma Ramspeck damals für den täglichen Mittagstisch verantwortlich gewesen, doch sie interessierte sich nicht dafür und arbeitete sowieso in der Praxis. Diese vage, aber abgelehnte Verantwortung meiner Großmutter transformierte sich in Hannas Ehe mit Bow in täglichen Kochzwang.

Was Oma Ramspeck einer Angestellten hatte überantworten können, wurde in der Welt ihres Sohnes zur Aufgabe der Gattin. Ich habe Oma Ramspeck nicht einmal in meinem Leben in der Küche gesehen. Kochen war einfach nichts für «richtige Leute».

Hanna begegnete dem Kochzwang mit viel Heiterkeit und Dosen. Sie rief ständig aus, wie sehr sie das Kochen liebe, und riss dabei Konserven und Tiefkühlpackungen auf. Die Rote Clara, der Dosenöffner, war fest an der Küchenwand installiert, so oft kam sie zum Einsatz. Kein mühsames Suchen und Kramen in den Schubladen beim täglichen Zubereiten von Erbsen und Möhren.

Erbsen und Möhren – ich stehe am offenen Grab meines Vaters und denke an Konservendosen.

Der Grabredner liest und liest. Der starke Wind hat sich bereits mehrmals in seinen dünnen Haaren verfangen. Einmal sieht es kurz so aus, als würde das Manuskript wegfliegen. Er entschuldigt sich dabei in meine Richtung, ich wolle die Rede ja sicher aufheben. Geschenkt, ich habe sie auf dem Rechner, denke ich. Als mein Vater eine Cloud hatte, war die Rede das erste Dokument, das er hochlud.

Der Grabredner ist im letzten Teil angekommen. An dieser Stelle geht es nicht mehr um Architektur und Aufbau, sondern tatsächlich auch um ihn, Bow. Und da ist sie wieder, seine spezielle Form von Bescheidenheit und Angeberei. Einerseits geht es nur um ihn, um sein Lebenswerk, seine Arbeit, sein Verständnis von Architektur, seinen Blick auf die Welt. Andererseits geht es gar nicht um ihn. Seine Gedanken, sein Empfinden bleiben auch in dieser über viele Jahre vorbereiteten Rede ein blinder Fleck. Wir hören von seinen sieben Geschwistern, besonders von den beiden ältesten, die früh verstarben durch

Krieg und Krankheit. Wir erfahren etwas über den für Bow frühen Tod des alten Vaters. Bow hatte gerade seine Heidelberger Clique gefunden und war wegen des Studienwechsels enterbt worden, als der alte Ramspeck ohne viel Aufhebens an Herzschwäche verstarb.

Jetzt liegt mit allen anderen Familienmitgliedern auch sein Sohn Peter neben ihm, um ein paar Jahre älter als der eigene Vater, aber noch immer sein Kind. Wie sie sich wohl in Zukunft vertragen werden, frage ich mich. Ob sie im Jenseits wieder zusammen am Mittagstisch sitzen? Kochen muss da keiner mehr.

Die Ehe mit Bow war Mamas dritte und letzte. Sie hatte ihre drei besten Freunde geheiratet, wer sollte da noch kommen? Ich bin aus Sicht der Schwestern privilegiert, denn ich habe einen einzigen Vater statt zwei oder drei. Und in der Konstellation, in der wir lebten, war mein Vater der Hausvorstand, wie sich Bow tatsächlich nannte. Klaus und Roberto waren seine engen Studienfreunde gewesen. Aber er zog nun alle Töchter groß, hatte ein Haus gebaut für die Mädchen und Hanna, was keiner der Freunde vor ihm geschafft hatte, war ihr Hafen und somit Chef, auch über die anderen Väter. Der ultimative Vater. Und ich sein einziges leibliches Kind. Darin bestand mein Privileg.

Ich fand meine Schwestern privilegiert. Laura mit ihren drei Vätern, die sie auf Händen trugen, um sich gegenseitig zu beweisen, wer der bessere Vater war. Sie bekam von allen Großeltern regelmäßig Geld zugesteckt und wurde mit Geschenken überschüttet. Sie hat die teuerste und aufwendigste Ausbildung von uns dreien absolviert und gilt als die Begabteste. Ein häufig gebrauchtes Wort bei unseren Eltern – die Begabteste. Begabt wofür? Sie ist eine erfolgreiche Filmschauspielerin geworden und inzwischen auch Produzentin. Lotta hat Roberto und damit dieses ganze Lebenshinterland von Syrakus. Sie spricht fließend Italienisch und sieht umwerfend aus. Es gibt Unmengen italienischer Verwandter, Feriendomizile an den schönsten Orten und den Verlag der Großmutter. Lotta ist in allen Entwicklungen langsam und bedächtig gewesen, wird aber in der Familie für die mit Abstand intelligenteste von uns Töchtern gehalten.

Was habe ich auf die Waage zu hieven? Ich habe nur einen Vater, nicht zwei oder drei, und zwei Großmütter statt vier oder sechs. Über meine Intelligenz oder Begabung wurde weder gesprochen noch gerätselt, das war alles schon verteilt. Ich habe ein durchschnittliches Abitur gemacht und bin ohne Ausbildung, was niemanden gestört hat, im Off-Theater unserer Stadt gelandet.

Bow war stolz darauf, den Töchtern seiner Freunde ein Dach über dem Kopf zu geben. Er bastelte mit Laura und Lotta, später auch mit mir, in seiner Werkstatt im Keller. Die anderen beiden Väter waren daran interessiert, «richtige Mädchen» aus ihren Töchtern zu machen. Bow war das egal. Er wollte, dass wir alles können, auch das, was Jungs konnten. Wir lernten, Fahrradreifen zu reparieren, wir tapezierten mit Bow den Flur, und er brachte uns Schnitzen und Angeln bei. Ich war zu vielem zu klein und lernte von allen am wenigsten. In Lauras und Lottas Teenagerjahren diskutierte er mit ihnen ihre politischen Ansichten, wodurch sie ihre Argumente und Gedanken schärfen konnten. Er sah in beiden Mädchen seine liebsten Freunde sowie die Frau, die er liebte. Dennoch war es schwierig für ihn, wenn die anderen Väter auftauchten. Vielleicht zerstörte diese Realität seine eigene: dass er einer Mädchenversion seines Jugendkleeblatts nun als Architekt und Vater vorstand.

Zu Hannas Urnenbeisetzung war Bow nicht gekommen. Der Chef war am Ende genauso verlassen worden wie die beiden Freunde vor ihm. Er wohnte zu diesem Zeitpunkt schon in Berlin. Das Haus in Köln hatte er verkauft. «Ich habe es weggegeben», sagte er, wenn er darüber sprach. So wie man einen Hund weggibt oder das Ergebnis einer ungewollten Schwangerschaft. Stattdessen hatte er sich im Zikadenweg eingemietet. Das neue Haus war alt, mit Küche und Wohnzimmer. Es steht in einer kleinen Siedlung aus den dreißiger Jahren, unweit der Messehallen, unweit der Paris Bar. Warum Berlin? Wir haben es nie verstanden.

Unser Elternhaus ist weg, wird mir gerade klar. Es ist seit vielen Jahren weg, aber jetzt erst verstehe ich das. Der Grabredner steckt mir das Papier mit der Rede zu. Anscheinend hat er zu Ende gelesen. Ich habe es nicht bemerkt, aber die Trauergemeinde um mich wirkt gemessen an der Situation normal, jedenfalls nicht so, als wäre die Rede mittendrin abgebrochen worden. Während meiner inneren Abwesenheit scheint nichts Ungewöhnliches vorgefallen zu sein.

Die Worte des Grabredners sind an mir vorbeigegangen – und das, obwohl Hanna zu uns Töchtern gesagt hat: «Worte sind der Schlüssel zu euer aller Entstehungsgeschichte.» Sie meinte damit nicht die Genesis, sondern Lexika. Von allen Büchern, die Hanna besaß, waren ihr Lexika die liebsten. Andere Bücher, Romane, Gedichtbände, Anthologien, wurden gern von ihr getauscht oder verschenkt. Es erleichterte sie sogar oft, bestimmte Autoren nicht mehr in der Wohnung zu haben, wenn ihre Anwesenheit zu intensiv für sie geworden war. Anders war es mit Lexika. Wobei sie nicht zu Menschen wie Oma Tita gehörte, die mitten im Gespräch aufstanden, um nachzuschlagen, wer gerade recht oder unrecht gehabt hatte. Hanna *las* Lexika, oft saß sie dabei am Fenster.

Damals in Heidelberg war die Viererclique bei einem gemeinsamen Studentenjob zusammengewachsen, beim Lexikonverkauf. Daraus entstand die gemeinsame Leidenschaft für Nachschlagewerke. Bow hatte an einem Lexikon zu Fachbegriffen der Architektur mitgearbeitet, Klaus und Roberto sammelten Lexika zu Spezialthemen und verschenkten sie zu jeder Gelegenheit: das *Danubia-Volkslexikon*, Büchmanns *Geflügelte Worte*, das *Deutsch-Amerikanische Conversations-Lexikon*, das Lexikon heimischer Kreuzblütler und Heilpflanzen – die Liste wurde mit jedem Geburtstag länger. Mich beeindruckten die langen Bücherreihen, *Meyers Konversations-Lexikon*, *Brockhaus Enzyklopädie*, *Encyclopædia Britannica*. Ein Lexikon zu Literatur bestand aus Ringbüchern, für die regelmäßig neue Seiten per Post kamen und gegen alte ausgetauscht werden mussten. Das war meine Aufgabe geworden, beim Sortieren fing auch ich an zu lesen.

Es gibt ein Foto, da stehen sie zu viert neben einem winzigen Auto, aus dem heraus sie Lexika von Haustür zu Haustür verkauften. Das Auto stammte von der sizilianischen Seite, der einzigen, von der Geld zu erwarten war. Die Lexika wurden aus dem Kofferraum gewuchtet. So steht es im Familienbuch, das Hanna und ihre Männer für uns Töchter mit ihrem Leben geschrieben haben. Wo kamen die Lexika her? Mussten die vier Kisten schleppen und irgendwo deponieren? Waren überhaupt Bücher in dem winzigen Auto, oder wurde an der Tür nur ein Vertrag abgeschlossen, und dann kamen die Bücher mit der Post? Was für Lexika waren es, von welchem Verlag? Gab es Vorgaben, wie viele Bücher pro Woche verkauft werden mussten? Wie viele Stunden verbrachten die jungen Leute damit, bevor sie abends in die Milchbar gingen, um Strohhalmtüten an die Decke zu pusten und fernzusehen? Wir haben nie nachgefragt. Manche familiären Tatsachen sind zu eindeutig, um untersucht zu werden. Oder sie sind immer schon dagewesen, als Satz, als Halbsatz, als Erklärung. Dass die gewohnten Worte nichts erklären und vieles sogar verschleiern, kann man nicht sehen, wenn man dazugehört. Familie hat ihren eigenen Text, und dem folgt man als Kind, ohne ihn zu untersuchen.

Auf einer der Verkaufstouren hatten sie auf der Landstraße einen Platten. Alle vier stiegen aus dem Auto, doch nur Bow wusste, was zu tun war, und wechselte ohne Zögern oder sich aufzuregen den Reifen. Hanna war hingerissen, aber gerade die Freundin von Klaus. Roberto war hingerissen von Hanna, wie sie da auf der Landstraße stand und hingerissen war von Bow beim Reifenwechsel. Klaus stand abseits und machte sich Sorgen. Er redete auf Bow ein, dass er den Wagenheber falsch ansetze, dass er einen Findling vor den Wagen legen solle, damit der Wagen nicht wegrolle. Er zog mit Roberto los, um einen riesigen Stein vom Fahrbahnrand heranzuschleppen, als Bremse für den Notfall. Hanna und Bow, zu diesem Zeitpunkt noch Peter, waren kurz allein.

Woher er das könne, fragte Hanna, und Bow erzählte, wie sein Vater als einziger Arzt in einem großen Umkreis mit dem Auto sämtliche Kranken in der Umgebung versorgt habe. Der Wagen war alt und unzuverlässig, mal war ein Reifen kaputt, mal eine Zündkerze, und es sei Bows Aufgabe gewesen, den Wagen instand zu halten. Unzählige Male habe er die Reifen geflickt, in der Garage und auf der Straße. Wenn sein Vater gerufen wurde, stiegen seine älteste Schwester und er mit ein. Klara sei gefahren, wenn es zu anstrengend für den Vater wurde, und er habe sich um das Auto gekümmert. Eine erlebnisreiche Zeit sei das gewesen, zu dritt auf den Landstraßen Hessens nach dem Krieg.

Was sein Vater jetzt mache, wollte die junge Hanna wissen. Sie kannte keine Väter, die noch lebten.

Nichts, sagte Bow. Der liege schon in der Grube.

«In der Grube.» Schroff. Unnahbar und unsanft. Hanna schaute Bow liebevoll und verwundert an.

Vater Ramspeck, ein Vater, der nicht im Krieg geblieben war und trotzdem mit seinem Ableben den Hinterbliebenen unlösbare Aufgaben vermacht hatte. Keiner von Arzt Ramspecks Söhnen hatte Medizin studiert, einer war an Tuberkulose gestorben, einer im Krieg gefallen und einer zu schlecht in der Schule gewesen. Seine Töchter ließ er nicht studieren, und so lag die Familienaufgabe auf Bows Schultern. Mit ihm ging die zweihundertjährige Tradition dieser Arztfamilie zu Ende. Wenn Großmutter Ramspeck später nach Köln zu Besuch kam, wurde sie nicht müde, das zu betrauern. All das wusste die junge Hanna auf der Landstraße nicht. Aber sie fühlte etwas von ihrem Freund Peter, das sie bisher nicht bemerkt hatte.

Laura war auch mit dabei, an diesem Tag auf der Landstraße. Noch wusste niemand von ihr, auch Hanna nicht, aber sie war bereits schwanger mit Laura, und damit steht Laura auf Seite eins im Buch Hanna. Laura hält sich deswegen für die Expertin in sämtlichen Fragen zur Familienchronik. Sie erzählt die Geschichten daraus immer gleich. Anders als die anderen in der Familie mag sie keine Variationen und Abweichungen, das hält sie für Untreue. Wenn ich sage, dass eine Geschichte sich in der Rückschau immer wieder erneuern kann, schaut sie durch mich durch und redet weiter. Meine andere Schwester schaut mich an, als wäre ich giftig, wenn ich sage, dass eine Geschichte keine Wahrheit kennen muss. Dass es reicht, wenn sie gut und glaubwürdig ist.

Laura steht im Buch Hanna auf der ersten Seite, aber sie kennt noch einen Vorlauf: «Mein Papa und unsere Mutter müssen sich eines Nachts nach der Milchbar irgendwie nahegekommen sein, jedenfalls war Mama schon nach einem Semester schwanger.»

Laura hat wenig Phantasie im Ausschmücken ungeahnter Details und überraschender Wendungen. Aber sie hat recht. Klaus und Hanna waren sich näher gekommen als in den zwanzig Jahren, die sie sich bereits kannten. Oma Dörrge erzwang in der Folge bei Oma Tita die Heirat, was weder Hanna noch Tita grundlegend richtig fanden. Doch mit irgendwelchen Druckmitteln – öffentliche Scham in den Fünfzigern, dunkle Geschichten der Väter aus der Vergangenheit, man weiß es nicht, wie so vieles – gewann Oma Dörrge diesen Kampf gegen die für gewöhnlich sehr durchsetzungsfähige Oma Tita. «Es wurde geheiratet, und dann wurde weiterstudiert, und es wurden weiter Lexika verkauft, auch in freudiger Erwartung», geht Lauras Text.

Es hört sich an, als wäre Laura in freudiger Erwartung ihrer eigenen Geburt gewesen, wenn sie davon erzählt. Laura meint, Insiderwitze unserer gesammelten jungen Eltern zu kennen, die Lotta und ich nie erfahren werden, gesichertes Geheimwissen aus einer Zeit vor den Familien. Ich schicke Laura manchmal Links zu Artikeln über vorgeburtliche Erinnerung. Sie reagiert nicht gut darauf – sie war von Anfang an dabei, daran gibt es nichts zu rütteln. Als ich meine Zweifel einmal laut aussprach, fing sie an zu weinen. Was mir denn einfalle, warum ich alles für mich haben müsse und warum ich pausenlos alles umschreiben wolle. Ich war dann still.

Hanna saß in diesem Moment mit am Tisch und weinte auch ein bisschen. Das machte sie oft aus reiner Solidarität. Sie konnte Weinende schlecht allein lassen, wollte sie empathisch begleiten. Oder es war ihr lieber, selber getröstet zu werden, als andere zu trösten. Weinen war in vielen Situationen die einfachste, aber auch die raffinierteste Lösung. Sie gab Laura stumm und empathisch recht mit ihren solidarischen Tränen, gleichzeitig erregte sie Mitleid und schlechtes Gewissen bei mir. Drittens musste sie, aufgelöst, wie sie nun war, keine Fragen nach den wahren Details der Lexikongeschichte beantworten. Sie hatte erfolgreich drei Fliegen mit einer Klappe geschlagen. Eine Spezialität von ihr. Manchmal waren es auch sieben oder neun Fliegen. «Oft genug ist es nur eine», maulte sie, wenn eine von uns Töchtern mitgezählt hatte und sie mit der Anzahl konfrontierte. «Außerdem habe ich wirklich viel unter einen Hut zu bringen. Oder unter eine Haube. Ihr wisst, was ich meine.»

Ja, Mama, dachte ich dann, wir wissen, was du meinst. Niemand hat dich gezwungen, dreimal zu heiraten. Doch das sehe ich inzwischen anders.

Das Studium beendete Hanna nach Lauras Geburt und der ersten Hochzeit in Rekordzeit. Ihre Lexikonboys hingen alle hinterher, und das, obwohl sie eigentlich zu Hause bei ihrem Kind hätte sein sollen. Oma Dörrge hatte geholfen. Sie hatte die Heirat bekommen, die sie wollte, und im Gegenzug passte sie auf Laura auf. Dadurch bekam Hanna freie Bahn. Laura wurde manchmal über Wochen bei Oma Dörrge in Alsfeld aufbewahrt, während die vier in Heidelberg weitermachten wie zuvor. Hanna kümmerte sich nicht um den gemeinsamen Haushalt, und Klaus war noch so jung, dass er es nicht bemerkte. Er hatte von seiner Kriegswitwenmutter abwaschen, putzen und kochen gelernt und wusste nicht, dass er diese Aufgaben seiner jungen, studierenden Frau hätte aufhalsen können, ohne dafür Scham empfinden zu müssen.

Die Schwiegermutter war von Hannas Verhalten zunächst enttäuscht. Sie fühlte sich betrogen, war doch die Unterstützung der Schwiegertochter eigentlich dazu gedacht gewesen, ihrem Sohn den Rücken freizuhalten. Doch war Oma Dörrge irgendwann so von Hannas Leistungen beeindruckt, dass sie auch bei der anschließenden Doktorarbeit als Kinderbetreuung mit an Bord war. Da waren Hanna und Klaus schon wieder getrennt, und Roberto war Hannas neuer Mann.

Oma Tita war selten bereit einzuspringen. Sie arbeitete selber weiterhin, inzwischen als Geschäftsführerin eines Autohauses, das eine Freundin von ihrem verschollenen Vater übernommen hatte. Nur in den Ferien wurden Laura, dann Laura und Lotta, dann Laura und Lotta und ich regelmäßig bei Oma Tita im Autohaus geparkt.

«Wir sollten so etwas wie *Jules und Jim* daraus machen», sagte Laura einmal über unsere Familiengeschichte.

«Mach doch», antwortete Lotta. «Wir kriegen dann als Erben Tantiemen.»

Sie ist Juristin geworden und hält gern sogenannte Fakten und die Gesetze im Blick.

«*Jules und Jim* handelt von Jules und Jim», warf ich ein.

«Ja, gut», sagte Laura. «Es gibt keinen Dritten, aber den kann man dazuerfinden.»

«Oder es gibt nur Roberto», sagte Lotta, «weil die beiden

Deutschen zu so viel Liebesabenteuer gar nicht imstande wären.»

Wir sind in der Familie schnell mit Vorurteilen dabei, wenn es darum geht, welcher Vater der beste ist.

«In *Jules und Jim* konzentriert sich alles auf Jules und Jim, dabei ist Jeanne Moreau die Hauptfigur», sagte ich. «Und sie kommt nicht mal im Titel vor. Der Film sollte *Jeanne* heißen, die ganze Geschichte ist Jeanne und nichts anderes. Wollt ihr in dem Film *Peter, Klaus und Roberto* groß geworden sein? *Hanna* heißt unser Film, *Hanna und ihre Töchter*.»

Wir, Hannas Töchter, stehen jetzt Hand in Hand vor Papa Bows Grab, eine von uns muss anfangen, Erde hineinzuschaufeln. Wir wissen nicht, wer. Eigentlich müsste ich die Erste sein, schließlich ist es mein Vater, aber ich schaffe es nicht, nach der Schaufel zu greifen. Hanna hält mich ab. Sie erscheint vor mir und lächelt vielsagend. Sie sagt so viel mit ihrem Lächeln, dass ich nicht verstehen kann, was. Es ist ein Schwall unhörbarer Worte, der sich über mich ergießt, und ich erkenne die Botschaft nicht. Ich halte inne und warte ab. Sie will dabei sein bei der Beerdigung, denke ich, vielleicht ist sie froh, dass Bow auch endlich keine Lebenszeit mehr hat. Die Toten sind ja angeblich eifersüchtig auf unsere Existenz im Diesseits. Oder will sie uns beistehen, uns drei Mädchen, jetzt Frauen, die nachher das Haus am Zikadenweg auflösen müssen?

Seit ihrem Tod erscheint sie mir regelmäßig. Im Traum, öfter aber noch im Halbwachzustand, während des Einschlafens oder Aufwachens. Und nie sagt sie etwas. Sie ist da und lächelt, und ich weiß nicht, was sie meint. Und seit zwei Wochen, seit seinem einsamen Tod, macht Bow das auch gelegentlich. Was denken die sich bloß?

Langsam meine ich, etwas herauszulesen aus Hannas Lächeln. Ich glaube, sie will, dass Laura als Erste nach der Schaufel greift. Sie ist die Älteste. Aber Laura zögert. Ich frage mich, ob

Hanna imstande ist, uns allen dreien gleichzeitig zu erscheinen in diesem schwierigen Moment und dabei unterschiedliche Botschaften zu senden. Ich muss davon ausgehen, dass sie das kann. Denn das hat sie im wirklichen Leben sehr gut beherrscht.

Lotta greift nach der Schaufel.

«Gemein, Mama», denke ich. Oder typisch, immer gegen das Klischee – die Tochter in der Mitte, die gar keinen familienhierarchischen Grund haben kann, als Erste das Grab zuzuschaufeln, die aber gern gärtnert.

«Es gibt doch Inhalte, Kinder», würde Hanna vielleicht sagen. «Zwecke im Leben, Tätigkeiten, die uns innewohnen. Nicht nur das Äußere, das Symbolische, das sinnlos Hierarchisierte. Wie mein Chef, der mir nach meinem Vortrag einen Blumenstrauß überreicht, statt eine Diskussion im Saal zu eröffnen. Ich habe gesprochen, und das ist ein Bukett wert, aber keine Diskussion.» – «Mama, du schweifst ab.» – «Stimmt. Also, die Erde soll diejenige zuerst werfen, die sich mit Erde und Werfen am besten auskennt.»

Ich muss die Schwestern nachher unbedingt fragen, ob sie Hanna auch gesehen haben.

Wir stehen zu dritt am Rand der offenen Grube und nehmen Kondolenzwünsche entgegen. Klaus umarmt mich so fest, dass ich meine, in der Mitte durchzubrechen. Nach Hannas Tod war er auf einmal da gewesen und ging nicht mehr weg. Als wollte er sagen: Aus dem Weg, das ist meine Frau, ich war ihr erster Ehemann. Und er wollte die Beerdigungszeremonie dirigieren. Laura unterstützte ihn dabei, bis Lotta alles an sich riss.

Ich konnte nicht mehr atmen bei Hannas Beerdigung. Ich

stand Laura und Klaus und all dem jüngeren Dörrgemüse, aber auch Lotta und Roberto allein gegenüber und fühlte mich machtlos ohne Bow. Den Streit um die Beerdigung der Urne hatte ich noch einmal aufgenommen und dann endgültig verloren. Doch auch ich bin Hannas Tochter und habe gelernt zu tricksen. In der Friedhofskapelle bat ich alle, mich zum Abschied eine Minute mit Mamas Asche allein zu lassen. Die Schwestern waren gerührt, aber ich spürte auch, dass sie eifersüchtig waren. Beide wollten danach ebenfalls einen letzten Moment mit der Asche ihrer Mutter für sich haben.

«Vor einer leeren Urne werdet ihr mit Hanna Zwiesprache halten», dachte ich, während ich Hannas Asche in eine Tüte schüttete, die ich für diesen Zweck mitgebracht hatte. Hannas Asche staubte beim Umschütten ein bisschen in den Raum hinein und kitzelte mich in der Nase. Ich konnte ein Niesen unterdrücken, und so wurde nichts zerschnieft und zerstoben. Ich ließ die Tüte am Rand des Hinterzimmers in der Kapelle stehen. So blickten Laura und Lotta zwar auf die leere Urne, aber Hannas Asche war wenigstens im Raum.

Später habe ich Hannas Asche in eine leere Olivenölflasche gegeben. Die Bleiperlen zum Beschweren der späteren Flaschenpost trug ich vorher in einem Ledersäckchen mit mir herum. Ich war einer Eingebung gefolgt, Hannas Asche in meiner Wohnung hatte zu mir gesprochen. Das Ledersäckchen war dem Mythos des Orpheus nachempfunden. Auf dem Weg in den Hades muss Orpheus dem Fährmann einen Obolus geben. Er trägt dafür goldglänzende Münzen in einem Säckchen aus wunderschönem Kalbsleder bei sich – in meiner Vorstellung sehen sie aus wie die Taler aus Dagobert Ducks Geldspeicher.

Hanna hätte das gefallen. Aufgewachsen mit dem literarischen Geschmack der fünfziger Jahre, muss es ihr ganz natürlich vorgekommen sein, sich als moderner Mensch in Klassikern wiederzufinden. Wer wollte 1953, im Jahr von Hannas Abitur, nicht lieber viele Jahrhunderte zurückschauen? Direkt hinter der Gegenwart lag eine Vergangenheit, die nichts als Abgrund war, bodenlose Brutalität. Von welchen Eltern sollten diese Kinder sich etwas abgucken? Die Eltern hatten eine verheerende Katastrophe mitgestaltet, hatten an Vorhaben geglaubt, die den Kindern vorkamen wie Hammerschläge auf die Köpfe von Neugeborenen. Sie hatten gestritten mit diesen Eltern, ihnen Vorhaltungen gemacht – und sich dennoch nie ganz von ihnen abgewandt. Opa Ramspeck war für Bow trotz allem das Maß aller Dinge geblieben. Doch das Maßband kam aus einem anderen Jahrhundert. Dasselbe galt für Hanna und ihren Papi. Nur dass der Papi auch noch Soldat gewesen war, sogar Offizier, und diese sachliche Feststellung schon ausreicht, um zu denken, jetzt wird die Geschichte zu hart. An dieser Stelle muss Schweigen die Chronik fortführen. Oder Form, Musik und Rhythmus.

Hanna hat wenig von ihrem Vater erzählt. Aber dafür oft. Sie wollte nur das wissen, was sie als Kind schon von ihm gewusst hatte. Er sei viel weg gewesen, «beruflich». Die Worte Krieg und Front mied sie. Sie erzählte lieber von der Post, die sie als Kinder von ihm bekommen hatten. Wenn er weg war und Oma Tita ihm schrieb, eines der Kinder sei krank, kam postwendend ein aufmunternder Brief an das kranke Kind zurück. Die Briefe waren kurz und die Blätter von Tintenflecken übersät, doch hatte der Feldpost schreibende Großpapi jeden Tintenklecks mit kleinen Armen und Beinen versehen, manchmal auch mit Fühlern, Fell oder Haaren. Ludeki hießen die Geschöpfe, und sie kamen am Feldpostrand neben den Buchstaben daher, um die Kinder zu unterhalten. Und wenn die

Kinder Fieber hatten, kamen Fieberludeki. Die hüpften und sprangen und sangen auf dem Papier und legten sich brav schlafen, um schneller gesund zu werden und Oma Tita keine Sorgen zu machen. Ludeki mit Stielaugen, die sich an langen Tentakeln durch die Zeilen an seine Frau kringelten, für die gierigen Blicke ihrer kleinen Kinder. Sie sahen ihren Papi nicht, aber sie sahen, dass er geschrieben hatte und dass die Mutter das lesen konnte. Sie selbst starrten blind auf die handschriftlichen Lettern und folgten nur den Bewegungen der Tintengeschöpfe, die lange, gemusterte Schals trugen und manchmal auch ein Fieberthermometer im Mund hatten.

Von diesen Fieberludeki hat Hanna oft erzählt, wenn eine von uns dreien krank war. Sie hat nie selbst welche mit Tinte gemalt, nur mit Worten. «Die haben wir auf der Flucht verloren», sagte sie, als ich einmal mit einer Mandelentzündung im Bett lag und Fieberludeki haben wollte. Sie erzählte davon, wie wütend ihre Mutter gewesen war, als sie mitten in der Nacht alle in das Auto scheuchen musste. Wie sie geschimpft und geschrien und die Kinder an den Haaren in das Auto gezerrt hatte, weil sie nicht einsteigen wollten. Wie Oma Tita die ängstliche Oma Dörrge beschimpft hatte, als diese mit Kind und Baby und einem Koffer angelaufen kam. Dass sie überhaupt mitgenommen werde, habe sie nur der Freundschaft der Männer zu verdanken. Tita hätte sie zurückgelassen. Das Auto war viel zu klein für so viele Leute, geschweige denn für noch einen Koffer.

Vor ihnen lagen siebenhundertneunundzwanzig Kilometer, von Neiße bis zu dem kleinen Dorf in Oberhessen. Eine Autofahrt von acht Stunden, die von November bis März dauerte. Das Wort «fliehen» ist bis zu ihrem Tod nicht über Oma Titas Lippen gekommen. Eine Familie wie ihre war vor niemandem auf der Flucht. Eine Familie wie ihre bestand aus brillanten Kämpfern und Helden. Die Reise hatte bei ihr keinen Namen, und in der Familienchronik fehlen dazu viele Details. Bekannt ist, dass das Auto ein Käfer war. Wer hat den Käfer gefahren? Beide Großmütter haben erst nach dem Krieg ihren Führerschein gemacht. Woher kam das Benzin? War der Käfer vollgepackt mit Kanistern, und durfte deswegen nichts weiter mitgenommen werden? Oder war das wegen magischen Denkens verboten worden, um jeden Anschein von Flucht und Niederlage im Keim zu ersticken? Glaubte Oma Tita, sie käme am nächsten Tag zurück?

Laut Chronik blieben sie erst eine Weile in Halle, bevor es dann mit dem Zug von Dresden weiterging. Wie waren sie von Halle nach Dresden gekommen? Hatten sie das Auto verkauft? Mussten sie es an einem Straßenrand stehen lassen, weil es kein Benzin mehr gab? Sind die Mütter mit ihren sechs Kindern und einem Baby im Dunkeln die Landstraßen entlanggewandert und haben sich tagsüber in den Büschen versteckt? Und wie hat Tita sich und ihren Kindern erklärt, dass der Papi und auch die Ludeki nie wiederkommen würden? Oder hat sie geschwiegen und ist voranmarschiert, so wie später bei gemeinsamen Spaziergängen in den Sommerferien? Spaziergänge mit Oma Tita waren Märsche. Sie lief querfeldein durch Felder und Wiesen, ohne auf Wege zu achten. Sie brachte uns bei, welche Dinge am Wegesrand man essen konnte, wilden Salbei, Löwenzahn, Schnecken, Schlehen. Sie zeigte uns, wie man Mais klaut und ohne Hilfsmittel Feuer macht. Über die Flucht wurde nie gesprochen, aber ich denke, Mais klauen und Schnecken braten ist auch eine Sprache, nur besteht diese nicht aus Buchstaben.

Ich hatte unbesonnen nach den Ludeki gefragt und bekam stattdessen die Nichterzählung von der Flucht serviert. Hanna muss meine Irritation gespürt haben. Denn ab der nächsten Krankheit kaufte sie jedem kranken Kind einen Comic pro Tag. Hanna kam damit in unsere Zimmer wie eine Königin bei einem Charity-Auftritt. Wenn ich mir anschaue, wie Kate Middleton beherzt wildfremde Kinder umarmt und sie inmitten eines Fototermins in scheinbar ernsthafte und intime Gespräche verwickelt ist, dann fällt mir Hanna ein, wie sie mir einen Fieberludeki-Ersatz-Comic ans Bett bringt. Manchmal kommt es mir vor, als habe sie sich eigentlich vor uns Töchtern versteckt. So wie die zukünftige Königin von England vor ihrem Volk verbirgt, was sie eigentlich denkt und fühlt, und sie nur die Seite zeigt, die auf Fotos und in bewegten Bildern so hilfsbereit und einnehmend wirkt.

Später im Leben habe ich durch Zufall erfahren, dass das polnische Wort für Wichtel oder Gnom *krasnoludek* ist. Hat Hanna in ihrer Kindheit polnisch gesprochen? Wir haben nie danach gefragt.

Kleine Alltäglichkeiten, wie man sie teilt, um sich im gemeinsamen Alltag gebunden und damit geerdet zu fühlen, waren Hanna eher peinlich oder vielleicht einfach nur fad. Kleinigkeiten wie «Lass deine Schuhe nicht im Flur liegen» oder «Ich habe deinen Lieblingspudding gekauft» oder «Der Elternsprechtag war furchtbar, die anderen Eltern sind schrecklich», all das, was Eltern so sagen, kam nie aus ihr heraus. Ermahnungen, strenger Ton waren ihr unangenehm. Sie wollte strahlen. Bei uns hieß es: «Der Elternsprechtag war großartig, ich komme sehr gut an bei deinen Lehrern.» Erzieherische Ermahnungen gingen bei uns in langen, ausdrucksstarken Blicken über die Bühne. In ihre Töchter setzte Hanna eine einzige, fest umrissene Erwartung: Bewunderung.

Solange Kinder klein sind, ist das nicht schwierig. Kleinere Kinder bewundern ihre Mamas und Papas von Herzen und mit viel Hingabe. Vielleicht gibt es hin und wieder Diskussionen über Kartoffeln auf dem Teller, die nur neben der Karotte liegen dürfen, nicht davor. Aber im Grunde sind diese Kinder einfach da und lieben und bewundern. Schwierig kann es für manche Eltern werden, wenn das nicht mehr haltlos stattfindet.

Ich kann mich daran erinnern, wie ich meine Eltern bewundert habe. Diese Bewunderung ist nicht verschwunden, nur wurde sie ab einem bestimmten Zeitpunkt nicht mehr auf den neuesten Stand gebracht. Etwa wenn mein Vater im Auto den rechten Arm hinter die Kopfstütze vom Beifahrersitz legte und nach hinten guckte, um rückwärts aus der Einfahrt zu fahren. Rasant, fand ich mit vier, beeindruckend. Was der alles konnte und wie einfach das aussah! Ich habe es nachgespielt. Rückwärts einparken auf dem Spielplatz mit dem Dreirad, später mit meinem ersten Fahrrad, das ich von Lotta geerbt hatte. Wie hat meine Mutter eingeparkt? Dass ich mich nicht erinnern kann, zeugt vielleicht davon, dass ich sie dafür nicht bewundert habe.

Meine Generation wurde in der Kindheit auf riesigen Rückbänken während einer Autofahrt gurt- und sitzlos hin und her geworfen. Manchmal stießen wir mit dem Kopf ans Fenster, oder wir verknäulten uns in irgendeinem Spiel oder Streit unter Schwestern. Wir saßen oft zu dritt hinten in Hannas Ente, beobachteten und kritisierten sie beim Fahren. Hanna rief dann von vorne: «Haltet mal die Klappe, ihr drei von der Rückbank», und wedelte mit dem rechten Arm hinter dem Fahrersitz in unserem Fußraum herum. Manchmal erwischte sie die eine oder andere von uns am Bein oder Arm und kniff beherzt zu.

Diese Erinnerung kann nicht stimmen. Ich erinnere mich aber, ich habe das Bild genau vor Augen, die Schwestern neben mir, Hanna fährt. Laura hatte jedoch ab ihrem zwölften Lebensjahr darauf bestanden, nicht mehr hinten zu sitzen, sondern vorne, wie die Erwachsenen. Wenn Laura mit elf das letzte Mal hinten gesessen hat, kann es keine «Drei von der Rückbank» gegeben haben, ich war zu diesem Zeitpunkt noch gar nicht geboren. «Ihr drei auf der Rückbank», dieser Satz muss sich aus vielen Geschichten zusammensetzen. Ein Fiktionspuzzle, eine Familienfiktion. Gehirne und Erinnerungen sind fahrig und löchrig wie Schweizer Käse oder die Superstringtheorie. Vielleicht brauchen fahrige Gehirne diese Fiktionen. Das Gehirn nimmt nicht alles auf, was wirklich geschieht, sondern bastelt, rechnet, antizipiert. Natürlich glauben wir Schwestern, dass wir gemeinsam auf der Rückbank gesessen haben, so haben wir es unzählige Male im Fernsehen gesehen. Kinder in Familienfilmen sitzen gemeinsam auf der Rückbank. Amerikanischer Fernsehmainstream, der sich offenbar in mir als persönliche Erinnerung manifestiert hat.

Auch Lotta wollte ab dem zwölften Geburtstag nur noch vorne sitzen. Das führte zu Streit und Diskussionen, wenn wir mit Papa Bow fuhren. Dann war klar, dass Hanna nicht fuhr, und damit war der Beifahrersitz automatisch besetzt. Lotta bestand aber mit Tränen und Schreien darauf, dass rotiert wurde. Hanna musste also manchmal hinten sitzen, zusammen mit mir. Hinten wurde Hanna schlecht und mir gleich mit, und so mussten wir bei jeder längeren Fahrt, die Lotta sich auf dem Beifahrersitz erstritten hatte, mehrfach anhalten, damit Mama und ich in die Böschung kotzen konnten.

Bow hasste diese Unterbrechungen, war aber andererseits bemüht, der Teenagerin Lotta den Ehrenplatz zukommen zu lassen. Um nicht weiter beim Fahren gestört zu werden, entschied er, auf der Rückbank hätten Tüten zu liegen wie im Flugzeug. Bow und Hanna waren kurz zuvor das erste Mal geflogen, von Frankfurt nach Amerika zu einem Architekturkongress. Für jeden Sitz gab es im Flugzeug eine Tüte, und die Stewardess entsorgte alles. Auf Papas Rückbank gab es diesen Service nun auch, bloß ohne Stewardess. Mama und ich kotzten in unsere Tüten, knoteten sie zu und hielten sie bis zur nächsten offiziellen Rast auf unserem Schoß, so wurde niemand gestört. Außer Lotta. Sie beschwerte sich von vorne.

«Es stinkt voll, wenn ihr dahinten reihert.»

«Was sollen wir machen?», fragte Hanna.

«Nichts mehr essen, bevor wir losfahren», sagte Lotta und meinte es ernst.

Ich nahm Mamas Hand und fächelte ihr mit einer unbenutzten Tüte Luft zu. Die Schweißperlen auf ihrer Stirn waren murmelgroß, und ihr klebten kleine Locken im Gesicht. Wut und Übelkeit vermischten sich in ihrem Ausdruck.

Wenn ich Lotta oder Laura heute frage, wer mit wem hinten im Auto saß, wenn Hanna am Steuer war, bekomme ich von jeder eine andere Antwort. Sicher ist nur, dass Hanna eine Ente fuhr. Sie war damit meistens auf dem Weg zur Uni oder zum Einkaufen. Zum Einkaufen nahm sie mich ungern mit, weil ich so viel redete und jeden Satz anfing mit «Du, Mama». Ich verstand Einkaufen als Spaßzeit und nicht als Aufgabe. An der Fleischtheke gab es eine zusammengerollte Scheibe Wurst, und dann spazierte ich plaudernd neben Hanna und dem sich füllenden Einkaufswagen und erzählte und erzählte von aufregenden

Erlebnissen im Kindergarten. Hanna schob mir mehrfach den Einkaufswagen über den Fuß oder in den Rücken und sagte ihr übliches «Jetzt mach mal ein bisschen Platz, du klebst so an mir dran». Meistens redete ich unerschrocken weiter. Papa Bow erzählte ihr abends alles, was er erlebt hatte. Also warum sollte ich das nicht ebenso machen?

Nach dem Einkaufen ging es mit allen Vorräten im Auto zur Uni. Nachmittags hatte Hanna Aufsicht in der Bibliothek. Mit Papier und Stiften wurde ich in die Gänge geschickt. Ich hockte am Boden zwischen all den Büchern der slawistischen Abteilung und beobachtete meine Mutter, wie sie mit den Studenten sprach. Sie nahm Bücher entgegen oder gab sie heraus. Sie gab Leseempfehlungen. Sie erklärte Neulingen das Karteikartensystem. Bei bestimmten Anfragen ging sie, ohne im Karteikasten nachzuschauen, zielstrebig auf ein Regal zu und griff nach einem Buch.

«Wenn du das für deine Seminararbeit liest, solltest du nicht vergessen, auch in Paustowskis *Erzählungen vom Leben* nachzuschauen. Der Symbolismus hat viel tiefere Kreise durch die Sowjetliteratur gezogen, als gemeinhin angenommen wird.»

Sie drehte sich um und griff nach einem weiteren Buch. Ihre Stimme war gleichzeitig sanft und beschwörend.

«Der Zusammenhang wird bestritten, aber zwischen Michail Scholochows *Sie kämpften für die Heimat* und dem Spätwerk von Anna Achmatowa besteht eine enge Verbindung. Nur durch ihren Kontakt zu Isaiah Berlin, der Achmatowa in Wahrheit nur ein einziges Mal besucht hat, wurden alle anderen inhaltlichen Verbindungen verdeckt. Achmatowa wurde von den sowjetischen Behörden beobachtet. Sie hatte zu viel Rückhalt bei ihren Lesern, um ignoriert zu werden. Sie war zu aufgeschlossen in ihrem Geist. Der Oberste Sowjet verfemte sie als Hure, als Dirne. Hier denken Feministinnen, sie wurde als Frau hintergangen. Aber das ist eigentlich ein frauenfeindlicher Standpunkt. Sie wurde als politische Denkerin angegriffen, nicht für das, was sie war oder nicht war zwischen zwei Laken.»

Der Student wurde rot.

«Eine Frau ist eine Frau in vielen Aspekten, nicht nur wegen ihrer weiblichen Körperteile oder ihrer Gebärfähigkeit», fuhr Hanna fort.

Heute vermute ich, dass Hanna so etwas nur sagte, um vor einem jungen Mann die Worte «weibliche Körperteile» oder «Gebärfähigkeit» zu gebrauchen. Einen jungen Mann auf diese Art zu bedrängen, muss ihr gefallen haben. Ich erinnere leuchtende, leicht schwitzende Gesichter, die ich durch Bücherregale beobachte.

Der Student fiel fast in Ohnmacht, aber er konnte sich nicht von Hanna losreißen. Das Buch in seinen Händen verwandelte sich in Sekunden von Lehrstoff zu einem feuchten Traum – die Gedichte Achmatowas: von nun an ein einziger Porno. Der Student würde das Buch noch am Abend verschlingen und dann eine Seminararbeit darüber schreiben, voller Bewunderung für die Macht Anna Achmatowas.

Hanna trat näher an ihn heran, er wich keinen Millimeter zurück.

«Der Rhythmus dieser Gedichte, das Sprachgefühl Achmatowas sind mit nichts zu vergleichen. Sie berührt den Klang der Worte, noch bevor sie sich dem Inhalt hingibt. Oder sie ergibt sich dem Inhalt und findet dafür den notwendigen, einzigartigen Rhythmus, der ihn tragen kann.»

Hanna tippte ein Gedicht auf den zitternden Handrücken des Studenten, dessen Gesicht inzwischen dunkelrot war. Als der letzte Vers zu Ende war, atmete er tief und laut aus.

«Genau», sagte Hanna. «Am Ende kann man nur tief ausatmen.»

«Wo ist die kleine Kröte, die ich abholen soll?»

Auftritt Laura. Der Zauber war gebrochen, der Student wieder frei. Er wirkte fassungslos und erschöpft. Hanna schaute geistesabwesend auf ihre jugendliche Tochter. Dann drehte sie sich um und blickte mir direkt in die Augen. Wie hatte sie mich entdeckt? Ich hatte die ganze Zeit in ihrem Rücken gesessen, alles nur durch den kleinen Spalt zwischen Büchern in den Regalen beobachten können. Hatte sie die ganze Zeit gewusst, dass ich da saß?

«Laura ist da, um dich abzuholen. Willst du mit?»

«Nein», sagte ich knapp, «ich male.»

Ich nahm ein Buch aus dem Regal und fing an, darin zu blättern. Hanna schlenderte in ihren roten Lederstiefeln zu mir herüber und nahm mir das Buch schweigend aus der Hand, schaute anschließend auf meine Hände, ob sie mit irgendetwas beschmiert waren, das in dem wichtigen Buch Spuren hätte hinterlassen können. Still wischte sie etwas Unsichtbares von meinem Daumen und ging zurück zu ihrem Pult. Ihre Stiefel hatten die gleiche Farbe wie ihre Aktentasche.

Die Bücher um mich herum dufteten himmlisch. Nach Staub, nach Buchstaben, nach Freiheit. Ich konnte noch nicht lesen und schreiben, aber ich konnte die kyrillischen Buchstaben abmalen und in mein langweiliges Bild integrieren, das aus einem blauen Streifen Himmel, einem grünen Streifen Erde und einem hingekrakelten Etwas von einem Haus bestand. Was für eine Befriedigung, die Schriftzeichen nachzumalen. Sie sahen hinterher auf meinem Blatt genauso aus wie auf dem Buchrücken vor mir. Einfach schön, diese Buchstaben, und meine Mutter konnte sie lesen. Der Student konnte es nicht.

Der konnte nur am Kaffeeautomaten stehen und mit seinen langen Haaren spielen.

Ich saß glücklich zwischen all den Regalen und bewunderte Hanna. Sie wusste einfach alles. Sie konnte alles, was man hier können musste. Und damit konnte ich es irgendwie auch. In der Uni fand ich Hanna schneidig – ein Attribut für jede Art von Attraktivität, die Hanna wichtig war. Schneidig war auch ihr Vater gewesen, das einzige Männerbild ihrer Kindheit. Hanna bewunderte ihn. Papa Bow hatte sich gegenüber seinem toten Schwiegervater unendlich überlegen gefühlt. So jemanden konnte kein vernünftiger Mensch bewundern. Doch Hanna war nicht vernünftig.

Ich wünschte mir, ich könnte immer zwischen den Regalen sitzen und sie beobachten. Aber ich wusste, später musste ich zurück ins Auto und vorher noch in meinen Anorak. Oder plötzlich dringend auf die Toilette. Schwierige Begebenheit gefährlichen Alltags.

Ein anderes Mal rennt Hanna den Korridor entlang, und ich mache mir fast in die Hose. Sie hat so lange am Karteikasten gestanden und mit dem jungen Mann gesprochen. Ich sehe ihn jedes Mal, wenn ich in der Bibliothek bin. Er scheint Schwierigkeiten damit zu haben, die richtigen Bücher zu finden. Ganz nah rückt er an Hanna heran, wenn sie im Karteikasten nachschaut. Sie schubst ihn nie weg. Vielleicht hat der Student seine Brille vergessen. Oder er will einfach nur besser aussehen und setzt die Brille deshalb nicht auf. Vorhin hat er zu tief eingeatmet und ihre Haare in die Nase bekommen, und Hanna hat gelacht. Ihr Lachen war so ansteckend, dass ich hinter meinem Regal auch lachen musste. Und in diesem Moment musste ich dringend auf die Toilette. Ich rannte zu ihr hin, schlängelte mich zwischen den langen Beinen des Studenten durch, stolperte über seine Füße und zerrte an Mama.

Und jetzt ist sie wütend. Wir rauschen durch die schwere Glastür, die ich alleine nicht öffnen kann. Auch Hanna kann sie nur aufstoßen, wenn sie sich mit ihrem gesamten Gewicht dagegenwirft. Wenn ich hinter ihr durch die Tür will, muss ich mich schnell zwischen ihren Beinen durchdrängen. Eigentlich ist sie stark genug, die Tür für ein paar Sekunden einen Spalt weit offen zu halten, um mich unter ihrem Arm durchzulassen, aber ich traue dem Braten nicht. Ich verbringe von allen Töchtern die meiste Zeit mit ihr in der Bibliothek und weiß, dass sie hier manchmal vergisst, dass ich da bin. Also schlüpfe ich schnell zwischen ihren Beinen durch, bevor sie die Tür zufallen lassen kann, und das verursacht Chaos. Manchmal tritt Hanna mit dem Absatz auf meinen Fuß. Einmal ist mein T-Shirt am Reißverschluss ihrer geöffneten Wildlederjacke hängen geblieben, ein anderes Mal haben sich meine Haare im Knopf ihrer Jeansjacke verfangen.

Hanna rennt und rennt, vielleicht rennen ihre Gedanken noch schneller als ihre Füße in diesem Moment. Heute ist nichts passiert beim Durchhuschen durch die Tür, aber Hanna schimpft trotzdem.

«Kannst du nicht warten, bis ich dir die Tür aufhalte?»

«Ja, kann ich.»

«Dann mach das auch.»

So hat sie in Wirklichkeit nicht gesprochen. Nur in meiner Vorstellung sagt sie sehr direkt, was wir tun oder lassen sollen, mit Nachdruck und leichter Strenge. Im Leben sagte Hanna viele Sätze flötend, als liebreizende Bitte getarnt, als ironischen Witz über den Typus einer strengen Mutter, die sie absolut nicht sein wollte. Doch erziehen musste sie uns trotzdem. Sie verachtete Sätze wie «Solange du deine Füße unter meinen Tisch stellst ...» oder «Gleich kommt der Papa nach Hause und spricht ein Machtwort». Wo kommen solche Sätze überhaupt her? Stehen die im Mutterpass, den Frauen während der Schwangerschaft ausgehändigt bekommen, als Pass ihrer neuen Nation, der sie von nun an angehören?

Vielleicht hätte Hanna gern «Dann mach es auch» gesagt, aber sie tat es nicht.

Hanna schmeißt die Tür zur Damentoilette auf und schreit fast: «Such dir eine Kabine aus, alles frei.» Sie ist wirklich sauer. Dabei ist sie eigentlich nie wütend. Meistens ist sie aufgekratzt und freundlich. Und manchmal traurig. Wenn sie traurig ist, bleibt sie im Bett und steht nicht auf. Ich spiele dann allein in meinem Zimmer und schaue gelegentlich nach ihr. Ich spiele mit unserem Barbie-Camper, der von Monchichis bewohnt wird, weil wir wegen der Überzeugungen der Eltern keine Barbies haben. Der Camper war ein Versehen gewesen. Hanna hatte uns beigebracht, dass Barbie spießig ist. «Siehst du irgendwo in ihrem Haus oder ihrem Camper oder ihrem Cabrio ein Buch? Es gibt sie als Ärztin oder als Journalistin. Aber sie kann weder lesen noch schreiben. Lesen und schreiben, das bedeutet, mit einem Heißluftballon in achtzig Tagen um die Welt zu reisen. Oder mit einer Rakete zum Mond zu fliegen.»

Ich bin so nervös in der Toilettenkabine, dass ich den Knopf meiner Cordhose nicht aufkriege, Mama fummelt energisch und genauso nervös daran herum, und da mache ich mir in die Hose. Ich fange augenblicklich an zu weinen. Warm läuft es an meinen Hosenbeinen nach unten. Ich habe Angst, Hanna noch wütender zu machen. Aber Hanna muss lachen. Sie lacht so laut, dass fast die Spiegel zerspringen. Der Knopf geht plötzlich ganz leicht auf, und ich ziehe die Hose und meinen Schlüpfer aus.

«Die Socken und die Sandalen auch», sagt Hanna.

Ich setze mich auf die Toilette und pinkele in Ruhe zu Ende. Hanna steht am Waschbecken, spült meine Sachen aus. Ich sitze auf der riesigen Klobrille, baumele mit den Beinen und höre Hanna immer noch lachen. Die Wut ist weg.

«Der war so dumm, Mama.»

«Wer?»

«Der Student.»

«Wieso ist der dumm?»

«Ich bin froh, wenn ich nie studieren muss.»

«Wieso ist der Student dumm?»

«Der versteht den Karteikasten nicht. Dabei kann er doch schon lesen, und du hast es ihm schon so oft gezeigt.»

«Der dumme Student ist der Sohn meines Chefs, und er versteht den Karteikasten sehr gut. Er findet nur nicht alles, und deshalb helfe ich ihm.»

«Aber hast du nicht selber was zu tun?»

«Ja, habe ich. Zum Beispiel Hosen auswaschen», sagt Hanna und lacht noch einmal so laut und ansteckend, dass ich denke, gleich fliegt das ganze Gebäude in die Luft.

«Was soll ich jetzt anziehen?», frage ich. Es ist so gemütlich mit Hanna allein auf der Toilette.

«Das weiß ich auch nicht. Wir haben nichts weiter dabei.»

«Wieso hast du nichts dabei? Was ist denn in deiner Tasche?»

«Bücher. Und Zeitungen. Aber daraus will ich dir keine Hose falten. Das hat Oma Tita mit uns früher mal versucht, das geht nur schief.»

Sie steht am Waschbecken und schaut nachdenklich in den

Spiegel vor sich. Für eine Sekunde verliert sie sich darin. Ich stelle mir vor, wie sie festgehalten wird von dem Bild, das sich hinter ihr, auf der anderen Seite des Raumes, wo weitere Waschbecken hängen, widerspiegelt. Für Sekunden ist sie von einer unendlichen Menge von Hannas gebannt, die kleiner und kleiner werden und doch nie verschwinden.

Sie nimmt langsam ihr großes Halstuch ab.

«Hier, das Tuch binden wir dir um, wie Romy Schneider das mit ihren Strandtüchern macht, über der Brust gekreuzt und hinter dem Nacken die beiden Endzipfel verknotet. Jetzt hast du ein schickes Strandkleid und kannst im Buchstabenmeer baden.»

Ein Strandkleid in der Bücherei? Ullis Mutter hat immer eine große Tasche dabei, denke ich. Ulli ist ein Kind aus dem Kindergarten. Wenn Ulli Eis auf ihre Hose oder ihr T-Shirt kleckert, zieht ihre Mama etwas Neues zum Anziehen aus der Tasche. Ich finde mich trotzdem schick in meinem Buchstabenmeerstrandkleid.

In der offiziellen Version der familiären Historie geht Hanna kaum jemals in die Bibliothek, sie hat dort keine ernst zu nehmende Aufgabe. In der Erinnerung der Väter und bei Laura heißt es, dass Hanna bis zu ihrem Auszug aus dem Architektenhaus selten etwas anderes getan hat, als zu kochen, zu schwatzen und Gäste zu bewirten.

In meiner Erinnerung steht, dass der Geruch von staubigem Papier sehr gute Gefühle hervorruft. Hannas Bibliothek war ein Ort, an dem ich sie bewundert habe. Das hatte ich vergessen. Mir gefällt diese neue Erinnerung. Diese neue Hanna mit hochhackigen Stiefeln, die mit Studenten flirtet und ihnen Anna Achmatowa ans Herz legt.

Der gefährliche Alltag. Ich ging morgens meist an der Hand meiner Schwester Lotta zur Schule. Mittags nahm Ullis Mama mich mit und setzte mich zu Hause ab. Oder Lotta nahm mich wieder mit, was sie hasste. Oder Frau Kohl, die einmal pro Woche bei uns die Wäsche machte und den Haushalt und eigentlich um diese Zeit kochen musste. Hanna blieb an diesem Tag länger in der Uni, sie hatte ein Seminar übernommen. Papa Bow kam irgendwann aus dem Büro, und wir aßen alle zusammen zu Mittag.

Hanna kam oft ein bisschen zu spät. «Das stört keinen großen Geist», sagte sie dann. Wir waren alle Astrid-Lindgren-Experten und verstanden. Nur Bow wirkte etwas beleidigt, wenn Hanna sich nach ihm an den Tisch setzte. Vielleicht war er aber auch nur hungrig. Bow hatte die strengen Essgewohnheiten seines Vaters übernommen. Er hatte sich nie zum Ziel gesetzt abzunehmen, nur früh im Leben entschieden, nicht zuzunehmen. Jede Überschreitung seiner Essensregeln protokollierte er in seinem Kopf und berechnete sie mit ein. Am Tag zuvor zu viel Schokolade hieß am nächsten Tag kein Abendessen. Sein Rhythmus war: morgens ein schwarzer Tee, dann Büroalltag – kein Kaffee in der Kaffeeküche, keine Kekse am Zeichentisch –, dann Mittagessen zu Hause, Mittagsschlaf und zurück ins Büro bis achtzehn oder neunzehn Uhr.

Abends, wenn Hanna uns Töchtern gerade Toastbrot mit Mayonnaise oder Nutella zubereitete, kam er rein, setzte sich an die Theke seiner amerikanischen Küche und erzählte Hanna seinen Tag.

Hanna stand auf der anderen Seite der Theke im Küchenbereich, während Bow Orangen schälte und sprach. Niemand durfte dazwischenkommen, er redete ausschließlich zu Hanna. Er schälte Orange um Orange und schob die Boote in seinen Mund. Unglaubliche Mengen von Orangenbooten wie Kähne auf dem Nil zur Zeit der Pharaonen. Eins nach dem anderen wurde den Fluss hinuntergestoßen. Jeder Satz seiner Kollegen, jede Bewegung seines Chefs wurde kommentiert.

Hanna hörte Bow wirklich zu, man merkte es an ihren Bemerkungen und den Ideen, die sie unaufgefordert beisteuerte. Dabei wusch sie ab oder putzte den Herd. Oft redeten sie darüber, wie Papas Büro aussehen würde, wenn er Chef wäre, und wie er Chef werden könnte. Ich lief während dieses Rituals hin und her, weil auch ich Hanna etwas erzählen wollte, aber ich kam nie zu Wort.

«Musst du nicht längst im Bett sein?», fragte Papa.

«Ja, doch.»

«Komm, ich bring dich schnell und lese dir was vor. Deine Füßchen werden ja ganz kalt von dem Hin- und Hergetappere. Hat das Kind keine Hausschuhe?»

«Hausschuhe», sagte Hanna langsam. Bow hätte auch fragen können: «Peitschen wir das Kind nicht oft genug aus?» Hausschuhe sind nichts für Menschen, die die Welt mit Jules Verne bereisen oder mit dem Spieler von Dostojewski ins Casino gehen. Menschen, die in Worten, in Gedichten ganze Städte und Landschaften anderer Epochen erleben und im Geist durchfliegen können. Für solche Menschen sind Hausschuhe Blei. Blei an den Füßen und später in der Flaschenpost. Blei, das auf den Meeresgrund zieht.

Papa Bow war es wichtig, dass wir pünktlich ins Bett kamen, so wie ihm jede Art von Pünktlichkeit wichtig war. Sein Tag bestand aus einer Kette von Wiederholungen fester Vorgaben – über Zeitpunkt und Größe der Mahlzeiten, über Bürozeiten und Arbeitswege. Für Hanna ergab sich aus diesen Abläufen ihr Tagesrhythmus. Mittagessen um zwei Uhr, Einkaufen, Uni, abends Bows Obstberg. Und dazwischen Gedichte.

Vielleicht waren die Gedichte gar nicht dazwischen, sondern dabei. Vielleicht baute sie den ganzen Tag in ihrem Kopf Gedichte. Wortgebäude und Landschaften. Menschen und ihre inneren Flüsse und Bewegungen. Sie kam nur nicht dazu, sie aufzuschreiben. Während Hanna einkaufte und kochte und putzte und allen zuhörte, versuchte sie, die winzige innere Stimme nicht zu verpassen, die ihr ab und an ungefragt und mitten am Tag die richtige Zeile für eine Übersetzung lieferte oder eine neue Zeile für ein eigenes Gedicht. Oft übersetzte sie etwas neu, was schon gedruckt worden war. Auf meine Frage, warum sie das machte, antwortete sie, manche Übersetzungen seien einfach nicht mehr richtig. Sprache wandere, und man müsse ihr auf den Fersen bleiben.

Sie übersetzte damals Briefe von Nadeschda Mandelstam, deren Mann Ossip in Sibirien im Gulag gelandet war. Seine Gedichte hatte Nadeschda auswendig gelernt, um sie vor der Beschlagnahmung zu retten. Das hatte Hanna mir beim Autofahren erzählt und dabei eine rote Ampel überfahren.

Wie hat Nadeschda Mandelstam es geschafft, die Verse ihres Mannes Ossip im Gedächtnis vor dem Verschwinden zu bewahren, und trotzdem noch einkaufen und kochen können? Bestimmt hat sie dauernd ihre Hausschlüssel verlegt, weil sie pausenlos so viele Worte im Kopf hin und her betten musste. Worte müssen bewegt werden im Kopf, sonst verschwinden sie wieder oder werden zu Blech. Dafür braucht es Aufmerksamkeit und Konzentration, an der ein Alltagsleben nicht immer glatt vorbeiziehen kann. Das weiß ich heute, damals wusste ich das nicht. Bow hat es nie erfahren.

Hanna übersetzte Gedichte lieber als alles andere. Sie nannte es nachdichten, die richtigen Worte finden. Sie wollte ernst genommen werden im Kreis der Übersetzer. Es gab dort kein Geld zu verdienen, nur Ruhm und Ehre, und umso härter wurde gekämpft und gegeneinander vorgegangen. Eine verheiratete Frau mit drei Töchtern konnte sicher keine ernst zu nehmende Übersetzerin oder gar Dichterin sein. Wie denn? Sie war eine Mutter. Und Mütter dichten nicht. Mütter tragen riesige Immer-was-dabei-Taschen herum für Kinder, die sich einpinkeln und bekleckern. Sie tragen Berge von Obst und Dosen ins Haus, damit hart arbeitende, ernst zu nehmende Männer ernährt werden können. Sie suchen Studenten die richtigen Karten aus dem Karteikasten und helfen ihnen bei ihrem Studium. Denn schließlich können selbst Mütter nicht nur zu Hause rumsitzen. Das ist nicht modern. Und modern wollten meine Eltern unbedingt sein.

Bow brachte mich meistens um Punkt acht Uhr ins Bett, häufig leicht verstimmt, weil Hanna noch in der Küche zugange war, sie müsste doch längst fertig sein, er war ja auch fertig mit seinen Orangenbooten. Hanna wischte Saftreste von der Theke und dem Glasschrank darüber. Bow las vor, meistens *Nils Holgersson*, den er besonders mochte. Diesen Teil des Zubettbringens fand Bow großartig. Ich saß still und aufmerksam im Bett und hörte ihm zu. Allerdings mochte ich es eher Astrid-Lindgren-nordisch, weniger Selma-Lagerlöf-nordisch, weswegen ich lieber von Hanna ins Bett gebracht wurde. Sie las uns vor, was wir ihr in die Hand drückten, während wir bei Bow anhörten, was er lesen wollte. Lotta wurde schon lange nicht mehr ins Bett gebracht, war aber hin und wieder dabei, wenn vorgelesen wurde. Manchmal saßen wir auf ihrem Bett, manchmal auf dem der Eltern, manchmal auf meinem.

Wenn Papa las, schweiften meine Gedanken ab. Sobald ich anfing, mich unruhig hin und her zu bewegen, fragte Bow: «Was habe ich gerade gelesen?» Ich versuchte, dieser Prüfung mit einer Übung zu begegnen: weiterträumen und nachdenken wie zuvor und gleichzeitig, auf einer anderen Bewusstseinsebene, wie eine Art Obertonmelodie den letzten Satz leise im Kopf wiederholen. So konnte ich Nils Holgersson folgen und trotzdem träumen. Ich versteckte mich gern auf einer von Nils' Nachbargänsen, flog neben ihm im Schwarm und erlebte meine eigenen Abenteuer. Ich mochte Nils nicht. Ich fand ihn eckig und uncharmant.

«Was habe ich gerade gelesen?»

Wenn ich gar nichts wusste, murmelte ich übertrieben verschlafen, ob er mich rübertragen könne. Das zog immer, selbst wenn ich schon in meinem eigenen Bett lag.

Hanna verräumte währenddessen in der Küche Sachen, zwischendurch schaute sie aus dem Küchenfenster und summte. «Ein Jambus wäre schöner an dieser Stelle», flüsterte sie eines Abends und tippte auf den Spülbeckenrand.

«Die Spüle kann nicht lesen», murmelte Bow, als er mich auf dem Weg von einem Bett zum anderen an der Küche vorbeitrug. Auf dem Weg zurück zu seinem Arbeitszimmer kam er noch einmal an Hanna vorbei, die nun wieder putzte und räumte.

Ich lag im Dunkeln, starrte auf den geöffneten Türspalt und fragte mich, ob das Geklapper in der Küche lauter war als sonst. Dann schlief ich ein.

Am Morgen kam ich in die Küche, um zu frühstücken, Papa war wie jeden Tag schon da. Er kochte aber nicht seinen Tee und stellte mir auch nicht wie sonst einen Joghurt hin. Er hatte einen Lappen in der Hand und putzte. Das hatte ich noch nie gesehen. Die Küche war verwüstet. Überall lagen Fetzen von Orangen, Saft und Soßenreste klebten an jedem Möbel. Auf dem Boden lagen alle Teller, die wir zum Abendessen benutzt hatten, in Scherben. Der Mülleimer war umgetreten, der Inhalt auf dem Fußboden verteilt.

«Was ist passiert?», fragte ich.

«Ich weiß es nicht», sagte Bow. «Ich habe dich ins Bett gebracht, und dann bin ich in mein Arbeitszimmer und habe Musik gehört und geschrieben, und als ich heute Morgen in die Küche kam, sah es so aus.»

Wir haben den windigen Friedhof verlassen und sind nach und nach im *Tannenhof* angekommen. Hier hat Bow, damals noch Peter, kurz vor dem Abitur mit seinen Alsfelder Schulfreunden den *Sommernachtstraum* gespielt. Klaus und Hanna hatten zugesehen. Mit Flüchtlingen spielte man nicht, auch nicht Shakespeare. Klaus liebt Zahlen sowieso mehr als Kunst. Er ist Steuerberater aus Leidenschaft, Zahlen beruhigen ihn. Die große Fahrradtour, die Hanna und er nach dem Abitur gemacht haben, gibt er bis heute in Zahlen aufbereitet wieder. Noch immer weiß er auswendig, wie viele Kilometer sie am Tag gefahren sind, in Richtung Marseille auf ihren schweren Rädern. Durch ein Frankreich, das ihre Väter wenige Jahre zuvor mit Krieg verheert hatten. Ein Land voller ehemaliger Résistance-Mitglieder, die nun zwei junge Deutsche vor sich hatten. Wenn Klaus und Hanna das jemals unheimlich war, haben sie es zumindest nie zugegeben.

Hanna lernte Französisch auf dieser Reise, und Klaus zählte: wie viel die Wurst kostete, die sie zu seinem Geburtstag kauften; wie viel die Flasche Wein, die beinahe frühzeitig zu Lauras Entstehung beigetragen hatte; bei welchem Kilometerstand und wie oft sie einen Platten hatten; wie viel Schmierkäse in abgepackten Dreiecken sie aßen.

Ich bin allein vom Friedhof zum *Tannenhof* gefahren. Laura und Lotta haben eigene Familien, in denen die Autositzordnung gehandhabt werden muss. Ihre Kinder sind groß, aber was heißt das schon in regredierenden Momenten wie Familienzusammenkünften und Trauer. Ich bin froh, allein in meinem Mietwagen zu sitzen. Hanna und Bow machen sich so breit in ihrer Abwesenheit, dass bei mir im Wagen für niemanden sonst Platz ist.

Ich komme fast als Letzte im *Tannenhof* an, weil ich den Weg nicht gleich finde. Bow und Hanna und Klaus sind hier aufgewachsen, wir Töchter haben viele Sommerferien in Alsfeld verbracht, doch ich schaffe es trotzdem, dreimal falsch abzubiegen. Manchmal erbt man nicht nur die Neurose, sondern auch den Bewältigungsmechanismus dazu. In diesem Fall: kurz allein sein müssen, um alles zu verarbeiten, aber nicht sagen können, dass Alleinsein jetzt notwendig ist und stattdessen durch eigensinniges Verfahren Zeit ergaunern. Genau so hätte Hanna es gemacht.

Im *Tannenhof* stehen die Schwestern und Väter herum und beschweren sich. Es sei zu wenig Kuchen da, sagt Laura. Es sei zu viel Kuchen da, sagt Klaus. Wer in so einem Moment Kuchen wolle, fragt Lotta. Ich sage, es sei ein ganz üblicher Leichenschmaus, eine heiße Suppe und danach Kaffee und Kuchen. Und weil wir hier in einer Kleinstadt seien, gebe es eben Blechkuchen und Filterkaffee aus der Warmhaltekanne.

Meine Schwestern haben mit Betreten des *Tannenhofs* bemerkt, dass sie hier nicht die Gastgeberinnen sind. Sie hatten vor der Beerdigung keine Zeit, sich um irgendwas zu kümmern. Einmal fiel auch der Satz, es sei ja MEIN Vater, der gestorben sei. «Auf einmal», habe ich gedacht und mich dennoch kurz gefreut. Ich habe allein mit ihm gelebt, ich habe mich mehr oder weniger allein um ihn gekümmert, als er gebrechlich wurde, wobei er nicht krank und nicht unselbstständig war. Außer mir war nur Lauras älteste Tochter hin und wieder bei ihm gewesen. Sie studierte Architektur in Berlin und hat sich von ihm den Wiederaufbau schildern lassen. Warum Nachkriegsstädte so aussahen, wie sie aussahen, fragte sie ihren Großvater, welche Entscheidungen Architekturbüros damals getroffen hatten und warum. Ich wollte ihn fragen, warum er nach Berlin gezogen ist und unser Haus in Köln verkauft hat, warum er so lang allein am Zikadenweg gelebt hat. Aber ich habe es nicht getan. Eigentlich war Hanna die überzeugte Berlinerin in der Ehe gewesen, obwohl sie nur wenige Jahre ihres Lebens dort verbracht hatte, die ersten Kindheitsjahre, bevor die Familie weiterzog. Ihre Lieblingserinnerung war der Blick vom Kinderwagen aus auf die Goldelse im Tiergarten – eine Erinnerung aus dem Tourismuskatalog, aus dem Kinderwagen kann sie nicht kommen. Später dann die kurze Zeit nach der zweiten Scheidung als junge Mutter von zwei kleinen Mädchen, bis sie mit Bow nach Köln ging. Wie oft wurde auf Köln geschimpft, Berlin aus der Ferne geliebt und gelobt. Bow hatte dagegengehalten. Und dann der Zikadenweg als letzte Zuflucht? Warum Berlin?

Die Schwestern haben sich um die Vorbereitungen gedrückt, und nun fühlen sie sich übergangen.

«Wer soll denn wo sitzen?», fragt Laura pikiert.

«Das sind doch niemals genug Tische», sagt Lotta. «Mit wie vielen Partygästen hast du denn gerechnet?»

Ich fühle mich wie viereinhalb.

«Ich habe den Gasthof gemietet, in dem mein Vater –»

«UNSER Vater», sagen die Schwestern.

«– in dem Bow früher Schultheater gespielt hat.»

Der Gasthof ist seit Jahren geschlossen, und es hatte eine Weile gedauert, bis ich die Nummer des Besitzers herausgefunden hatte. Wir haben keine Verwandten mehr in Alsfeld, die ich hätte fragen können, aber ein befreundeter Theatermusiker, dessen Tante zufällig auch in der Theatergruppe von damals mitgespielt hatte, konnte mir weiterhelfen. Thies, der Theatermusiker, und ich hatten vor Jahren beim Flippern nach vielen Wodkas auf einer Premierenfeier herausgefunden, dass es diese Überschneidung gab. Ich hatte es mir über all die Zeit gemerkt und fragte ihn nach seiner Tante. Thies erreichte sie auf einer Wandertour durch die Atacamawüste. Sie verwies ihn an ihre Eltern. Ich sprach mit Thies' Großvater am Telefon: «Ach, Ramspecks Sohn ist gestorben? Na schade.»

Weiter ging es mit einem bunten Nummernstrauß durch die Abkömmlinge der ehemaligen Bourgeoisie von Alsfeld in Oberhessen. Schließlich sprach ich mit jemandem aus unserer Generation, ein Cousin von Thies, der mir etwa zwei Stunden lang erklärte, wie kompliziert die Besitzlage in der *Tannenhof*-Familie sei und dass der Gasthof deswegen geschlossen sei. Die ehrenwerten Ramspecks aus dem Fachwerkhaus am Markt waren jedes Jahr zu den Wagner-Festspielen nach Bayreuth gepilgert, allerdings zusammen mit ihren Nachbarn und nicht mit der befreundeten Familie Thies, sagte der Cousin unvermittelt. Ich versprach ihm, Tickets für alle möglichen Veranstaltungen auf dem Grünen Hügel zu besorgen, wo eine gute Freundin im Kartenbüro arbeitet. Offenbar steckte der Stachel der Eifersucht nach wie vor tief und musste beschwichtigt werden. Danach war alles ganz einfach.

Ich bekam den Schlüssel zum leer stehenden Gasthof und rief alle Cateringnummern an, die ich finden konnte, aber niemand wollte Suppe, Blechkuchen und Filterkaffee bereitstellen. In letzter Verzweiflung fragte ich bei der örtlichen Metzgerei nach. Der Metzger lehnte ab, brachte aber seine Schwiegermutter ins Spiel, die habe bestimmt Zeit und Lust, sie mache so etwas gern und habe nur noch selten Gelegenheit dazu. Um sieben Uhr heute Morgen hatte Schwiegermutter Rühl Suppe, Kaffee und Kuchen in den Gasthof gebracht, und ich begann, alles herzurichten: Tische hinrücken, die Warmhaltekannen mit Kaffee verteilen. Ich zählte wieder und wieder durch, arrangierte neu. Einige Tische und Stühle mussten repariert werden, sie waren seit Jahren nicht in Gebrauch gewesen. Die Tischdecken hatte ich als Meterware im Internet bestellt.

Ich habe zwei Stunden lang alleine Säume geschnitten und verklebt, Serviettentiere gebastelt und die Tische mit Efeu und Hopfen dekoriert, Bows Lieblingspflanzen. Und Laura und Lotta stehen nun vor mir und fragen mich, was ich mir eigentlich gedacht habe. Ich nehme wortlos eine Zigarette aus einer fast leeren Packung und stelle mich vor die Tür. Ich war nicht lange genug allein im Auto, um diesen Stürmen standzuhalten. Und Hanna drängt sich schon wieder in den Vordergrund meiner Aufmerksamkeit.

Sonntagmorgen im Architektenhaus. Oft gingen Bow und ich nach dem Frühstück in den Keller und bastelten zusammen. Er versuchte, mir beizubringen, Modelle für ihn zu bauen, aber ich war nicht sonderlich geschickt. Wenn Papa auf einem Kongress war, um über Architektur und Aufbau zu sprechen, kroch ich zu Hanna ins Bett. Lotta war auch oft mit dabei, ging aber bald wieder, um zu lesen, meistens Karl May. Auch Hanna las an solchen Sonntagmorgen. Manchmal stand eine Flasche Sekt neben ihrem Bett.

Ich kroch unter ihre Decke, und sie fing an, laut zu lesen. Einmal ging es um eine Party in Russland.

«Was ist das?», frage ich.

«*Eugen Onegin*», sagt Hanna. «Das macht Spaß.»

Ich klettere auf ihr herum, sie muss das Buch mehrfach in eine andere Position bringen. Ich versuche, sie vom Lesen abzuhalten. Sie fängt an, den Rhythmus des Textes auf meinen Rücken zu klopfen. Ich beruhige mich, bleibe auf ihr liegen und lausche den tappenden Fingerspitzen. Ich lausche mit meinem Rücken.

«So hat Goethe das gemacht», sagt sie. «Die nackte Christiane Vulpius lag bäuchlings auf seinen Beinen, und er hat ‹auf KLASsischem BOden beGEIStert› auf ihren nackten, knackigen Hintern geklopft. Einen wahren Kunstpopo hat er aus ihren Backen gemacht.»

Der klassische Boden, der begeistert, weil er auf den sanften Hügeln des Pos von Frau Vulpius erstanden ist – Hanna tänzelt wie auf Spitzenschuhen quer durch die klassische Literatur.

Ich mag Eugen Onegin. Er trinkt Veuve Clicquot, von dem ich gar nicht weiß, was es ist, aber es klingt gut. Und er spricht in Versen, die Hanna auf meinen Rücken klopfen kann. «CliCQUOT in EIS geKÜHLT», sagt Hanna. «Jambus und nicht Trochäus, merk dir das. Das ist wichtig. Gib mir mal die Flasche.»

Ich murre. Ich hasse Aufträge aller Art, und außerdem liege ich gerade so bequem und höre zu. Dann fische ich doch an der Bettkante nach der Flasche.

«In die Tasse gießen, bitte.»

Auf dem Boden steht eine hauchdünne Porzellantasse, aus der Hanna am liebsten Sekt trinkt. In meiner Vorstellung natürlich Champagner, aber ich glaube, dafür waren meine Eltern zu bescheiden. Wenn Gäste kamen, hat meine Mutter Schnecken und Spargel serviert, doch Champagner gab es nie.

Sie trinkt und legt das Buch weg.

«Ich will noch mehr», sage ich.

«Noch mehr Onegin? Nein, wir können nicht nur ein Buch lesen heute Morgen, das ist langweilig. Hol was anderes. Geh zum Regal und zieh was raus.»

Ich habe Dostojewski erwischt, *Schuld und Sühne.*

«Oh ja», murmelt Hanna begeistert, als hätte sie ein besonders leckeres Trüffelpraliné zwischen die Lippen bekommen. «Das ist gut. Raskolnikow am Sonntag.»

Wir vertiefen uns in eine Passage über Sonja. Ich höre gebannt zu, wie Sonjas Vater das Geld im Wirtshaus aus dem Fenster wirft, auf dem Nachhauseweg unter eine Kutsche gerät und stirbt und wie Sonja ihr Geld mit Prostitution verdienen muss, um die Familie zu ernähren. Hannas Stimme ist beschwörend und lautmalerisch. Ab und an stockt sie und springt jäh aus der Rolle.

«Was soll das denn heißen? Das kann nur ein Übersetzungsfehler sein. Hol mir mal das große Wörterbuch, das ist das dicke graue ganz rechts unten in meinem Schreibtisch. Und bring auch das Original. Dritte Reihe von unten, das vierte von links.»

Die Originale stehen in einer Ecke der Bücherwand, die Hanna ihren «Schreibtisch» nennt. Ich will nicht aufstehen. Es ist so warm und gemütlich und die Geschichte, Sonjas ganze Situation so schaurig. Wieso soll ich jetzt rübergehen und ein Buch holen mit Buchstaben, die ich nicht lesen kann? Da hat mich Hanna aber schon vom Bett geschubst. Die richtige Wortwahl ist ihr wichtiger als alles andere.

Ich finde die Bücher sofort, dieser Bereich des Regals ist aufgeräumt und sortiert wie kein anderer Ort im ganzen Haus. Hier steht jedes Buch exakt dort, wo es stehen soll, und Hanna hat jede einzelne Ausgabe vor ihrem inneren Auge. Es ist der einzige Ort, an dem sie nie etwas sucht.

Jetzt, wo Hanna Wörterbuch, Übersetzung und Original, Zettel und Stift neben sich ausgebreitet hat, ist kein Platz mehr für mich im Ehebett. Ich stehe zappelig am Fußende und warte darauf, dass sie fertig wird. Ich will wieder rein in diese warme Höhle aus Daunendecke und Wörtern. Hanna schreibt und streicht aus, blättert und schreibt wieder.

«Ha!», ruft sie schließlich triumphierend. «Ich habe es gewusst. Ich habe es ganz genau gewusst. Nicht ‹absichtlich›, sondern ‹gebräuchlich›. Das ergibt eine ganz andere Situation, einen völlig neuen Zusammenhang, wenn man will. In Sonjas Leben ist es ‹gebräuchlich›, sich so zu verhalten und an Gott zu glauben und den Geliebten vor seinen inneren Dämonen retten zu wollen. Es ist aber keineswegs ‹Absicht›. Sie kann ganz andere Absichten für sich und ihr Leben haben, aber sie hat keine Wahl. Es ist ‹gebräuchlich›, wie sie sich verhält.»

«Meinst du nicht ‹gewöhnlich›?», frage ich.

«Gewöhnlich? Wieso denn gewöhnlich? Was ist daran gewöhnlich, wenn sich eine junge Frau prostituieren muss, um ihre Familie zu ernähren? Hier geht es um Sünde. Und Sühne. Sie versündigt sich beim unehelichen Sex, aber sie tut es aus Opferbereitschaft und Ausweglosigkeit. Daran ist nichts gewöhnlich.»

Ich verstehe nicht viel, aber ich merke: Hanna ist gereizt. Oder alarmiert. Eine falsche Wortwahl bringt sie in Rage. Im Winter mit einem Badeanzug und Gummistiefeln bekleidet in den Kindergarten wollen, die Tischdecke mit Tomatensoße vollschmieren, alles kein Problem, aber ein falsches Wort am Sonntagmorgen im Bett benutzen, das ist zu viel.

«Ich weiß das richtige Wort nicht», murmele ich entschuldigend.

Da wird sie freundlicher. Ein Wort könnte jetzt erfunden werden. Das macht sie gern. Worte erfinden.

«Abgebraucht?»

«Was?»

«Weglos», sagt Hanna langsam und flüstert. Als müsste sie vorsichtig sein, um das neue Wort nicht zu verjagen.

«Sonja ist weglos. Es gibt keinen sichtbaren Weg, der vor ihr liegt, dem sie folgen könnte. Sie muss sich durchs Unterholz schlagen und selbst Wege finden.»

Die Flasche ist leer, der Sonntag fast zu Ende. In späteren Jahren hat Hanna eher Wodka getrunken. Russisch wollte sie leben und trinken. Zu Bows fünfzigstem Geburtstag hat sie sich vor den Gästen aufgebaut, Verse auf jeden Einzelnen am Tisch gereimt, nach jedem Gedicht ein Glas gekippt und hinter sich an die Wand geworfen. Lotta stand mit Schaufel und Besen daneben und kehrte jedes Glas sofort auf. Bow war entsetzt. Zugleich merkte er, wie sehr den Gästen Hannas Auftritt gefiel, und das wiederum mochte er: eine Frau, die sich produzieren kann, deren Unterhaltungstalent alle anderen im Raum an die Wand zentrifugiert, ansteckend und phantastisch. Er wollte beides, er gab gern an mit seiner Frau, und sie sollte auf keinen Fall auffallen. Lotta fegte, beobachtet von Bow. Ich ging zum Schrank und sorgte für stetigen Nachschub an Gläsern. Das Einschenken übernahm Hanna selbst, ich stellte nur die Gläser hin. Kleine, kurze Wodkagläser, nicht ganz billig, aber auch nicht teuer. Klein und deswegen nicht russisch, wie Hanna fand. Sie wollte schon seit Langem neue Gläser kaufen, in die mindestens hundert Milliliter passten. Sto Gramm, wie in Moskau. Vielleicht nutzte sie die Gunst des Augenblicks, um die alten Wodkastamper loszuwerden? Ich sehe Hannas Gesicht vor mir, wie sie mit lachenden Augen und eitlem Stolz auf die Schnelligkeit ihrer Reimideen einen Gast nach dem anderen bedichtet. Bow sitzt ihr am Kopfende gegenüber und kann nicht hin- und nicht wegschauen.

Die Zigarette habe ich zu Ende geraucht, ich sollte wieder hingehen zu den anderen. Ich finde den *Tannenhof* gut hergerichtet, denke ich beim Eintreten. Ich bin zufrieden mit meinem Tun.

Laura fängt mich in der Tür ab: «Ich fand den Grabredner unmöglich.»

Lotta schließt aus dem Nichts zu uns auf, magische Anziehungskraft unter trauernden Schwestern. Ich bleibe bei ihnen stehen.

«Die Grabrede war völlig daneben», fährt Laura fort. «Wer hat den Quatsch geschrieben, was sollte das mit Bauhaus und Faschismus, was hat das miteinander zu tun, und was hat das mit Bows Leben zu tun?»

«Habt ihr nie zugehört, wenn Papa abends Orangen geschält hat?», frage ich, jetzt selbst hochmütig und überreizt.

«Nein, eigentlich nicht», antworten die Schwestern und entspannen sich, wie immer, wenn ich sauer werde.

«Unser Vater hat sein ganzes Leben an dieser Rede gearbeitet, Architektur und Aufbau, das WAR sein Leben», sage ich laut und lasse die beiden stehen.

Der Saal füllt sich nur langsam mit Trauergästen – Partygästen, entschuldige, Hanna. Viele der uralten Freunde unseres Vaters bleiben erst einmal rauchend vor der Tür stehen. Die

Schwestern zupfen an den selbst gebastelten Tischdecken herum. Laura nimmt einen winzigen Strauß aus wildem Wein und einer halb verwelkten weißen Blüte in die Hand, kleine Gestecke, die ich am Morgen von Schwiegermutter Rühl geschenkt bekommen habe. «Die sind noch von der Hochzeit gestern bei Bauer Rahmsdall übrig», meinte sie. Rahmsdall – noch so ein Name aus den Tiefen der Vergangenheit. Bows Familie hatte seit Ewigkeiten in Alsfeld gelebt. Oma Ramspeck klärte uns in den Ferien über die verschiedenen familiären Zusammenhänge auf. Rahmsdalls, Ramspecks, Rühls. Oma Tita und Oma Dörrge waren bis zum Schluss die «Neuen» geblieben, Fremde, die kaum mehr als hundert Kilometer von ihrem Herkunftsort entfernt ihr Leben verbracht haben, in einem Land, das es bei ihrer Geburt noch nicht gegeben hatte. Mich freut es, dass uns Schwiegermutter Rühl mit abgestandenen Hochzeitsblumen in den Alsfelder Kosmos einbindet.

Die Schwestern schauen skeptisch zu mir herüber. Ich will etwas Abstand zu ihnen halten, aber ihr Hohn und ihre Giftigkeit ziehen mich an.

«Ich glaube nicht, dass die Blumen in den Gläsern genug Wasser bekommen», sagt Laura zu Lotta, das kleine Gebinde in der Hand sorgenvoll hin- und herdrehend.

Weil ich im *Tannenhof* keine Vasen gefunden hatte, habe ich zu Schnapsgläsern gegriffen.

«Wie das aussieht», sagt Lotta unbestimmt.

«Gott sei Dank bleiben wir hier nicht lange», sagt Laura noch unbestimmter. «Es ist ein Leichenschmaus, kein Hochzeitsbankett.»

«Wenn es nur Suppe und Kuchen gibt, bleibt sowieso keiner», fügt Lotta hinzu.

«Suppe und Kuchen sind ganz normal bei einer Beerdigung»,

versuche ich nochmals, mich zu verteidigen. «Es ist kein Fest. Das Fest für Papa können wir später machen, so wie wir das Fest für Mama gemacht haben.»

Wir haben für Hanna eine große Party geschmissen, nachdem ich die Flasche mit ihrer Asche auf dem Ostseeboden versenkt hatte – was die beiden niemals erfahren haben.

«Weiß ich nicht, ob wir das können. Kannst du deinen Papa feiern? Von Herzen?», fragt Laura langsam, und Lotta nickt bedeutungsvoll.

Ich habe keine Ahnung, worauf die Schwestern anspielen oder was los ist. Eben am Grab standen wir noch Hand in Hand.

«Du wolltest gerade noch das Vaterunser beten zu seinen Ehren», sage ich zu Lotta.

«Richtig. Mein Vater und ich fanden das angemessen. Das scheint ihr hier in Hessen aber nicht normal zu finden.»

«Mit Alsfeld kennt die Kleine sich am besten aus», sagt Laura, als wären die beiden nie bei Oma Tita in den Ferien gewesen, als ob sie auf einmal mit all dem nichts zu tun hätten.

Wusstest du das, als du starbst, Papa Bow? Dass dein väterlicher Blick in der Sekunde deines Ablebens einfach abgeworfen werden würde? Wusstest du, dass in der Sekunde, in der du im Ramspeck'schen Familiengrab mit Erde bedeckt wirst, unklar sein würde, wer dazugehört und wer nicht? Drei Stämme standen vorhin an deinem Grab. Deiner, der von Klaus und der von Roberto. Oder war es ein einziger Stamm, der Stamm Hanna?

Gestern habe ich den ganzen Vormittag in Bows Haus am Zikadenweg verbracht und mich umgesehen. Schweigend und abwartend haben die Reste von Bows Greisenleben zurückgeguckt. Auf dem Treppenabsatz stand wie ein Butler, der mich willkommen heißt, Laundri Hamper. Ich kenne ihn, seit wir im Architektenhaus mit ihm zusammenlebten. Hanna und Bow waren wochenlang durch Amerika gereist, und die Alsfelder Großmütter passten auf uns auf. Als die Eltern wieder da waren, wurde viel von Klimaanlagen gesprochen. Bow ließ sofort eine in sein Auto einbauen, niemand durfte fortan ein Fenster öffnen während der Fahrt. Es wurde auch viel von Eiswürfeln erzählt, von riesigen Portionen und amerikanischen Küchen. Und es wurde eine im Schrank installierte Klapplade mit herausnehmbarem Korb gepriesen, die in Amerika *laundry hamper* hieß. Gleich nach der Rückkehr wurde für uns einer beim Großhandel bestellt, eingebaut und getauft: Laundri Hamper, deutsch ausgesprochen.

Hamper konnte nur versehentlich auf dem Treppenabsatz gelandet sein, halb voll mit ungewaschenen Hemden. Wie war er hierhergekommen? Hatte der Tod an die Tür geklopft und Papa Bow beim Wäschemachen unterbrochen? Gab es überhaupt noch so etwas Vornehmes wie eine persönliche Begleitung ins Jenseits durch Gevatter Tod?

«Laundri Hamper», sagte ich laut. «Was machst du denn für Sachen?» Ein Satz aus Hannas Satzbaukasten. Hamper antwortete nicht. Ich trug ihn in den Keller, roch einmal kurz an den getragenen Hemden – der Geruch eines Greises, nicht mein Papa. Seltsam. Wann hatte Papa aufgehört, Papa zu sein, und war ein Greis geworden?

Ich stopfte die Maschine voll und brachte Hamper zurück nach oben in die Kippvorrichtung aus gut erhaltenem Siebzigerjahreplastik. Es war einmal weiß, jetzt ist es gelblich. Mir fiel es schwer, mir vorzustellen, dass mein Vater irgendwann im Leben angefangen hatte, einzukaufen, zu kochen und Wäsche zu waschen. Und dann fiel mir ein, dass zweimal in der Woche die Zugehfrau gekommen war – in seinen letzten Jahren das Mindeste, womit man ihm helfen konnte; davor ein Zeichen von einem gewissen Wohlstand und abwesenden Töchtern; im Alter von fünfzig, vierzig, dreißig die Aufgabe von Hanna, seiner Frau und Dichterin. Wie hatte Hanna diesen Posten bekommen? In der Heidelberger Milchbar mussten solche Aufgaben noch undenkbar gewesen sein.

Genau wie Bow hatte Hanna in ihrer frühen Kindheit in einem Haushalt mit Personal gelebt. «Das Mädchen», das vor der Flucht den Haushalt bei Oma Tita geführt hatte, kannte keinen Laundri Hamper, aber natürlich konnte es waschen und kochen und nähen. Oma Tita kann nicht viel von diesen Aufgaben verstanden haben. Sie, die sich in ihrem späteren Leben nie wieder ein «Mädchen» oder eine Zugehfrau hat leisten können, hat mir ihre Putzphilosophie verraten. Ich war gerade in meine erste Wohnung gezogen, und sie hatte mir dreihundert Mark für die Einrichtung geschenkt und ihr Putzkonzept dazugegeben: Niemals die Brille aufsetzen. Je weniger man sieht, umso schneller ist man fertig. Ich hatte damals eine sehr dicke Brille, wie viele Frauen in unserer Familie. Astigmatismus, dazu eine starke Weitsichtigkeit, sorgen dafür, dass wir ohne Brille weder Staub noch Schmutz noch Läuse erfassen können. Oma Tita hatte nach dem Krieg lange keine Brille. Ich weiß nicht, wie es in ihrer Küche aussah und ob Hanna und ihre Geschwister da viel zu tun hatten.

Heute tragen wir alle Kontaktlinsen und sehen jedes Staubkorn, aber wir Töchter putzen trotzdem schlecht und selten. Vielleicht prägt Oma Titas unausgelebte Erwartung, dass Angestellte solche Dinge erledigen, bis heute unser Verhalten. «Das Mädchen» war bei der Flucht nicht mitgekommen, sondern in Neiße geblieben, mit einem Kind und alten Eltern.

Niemand weiß, was aus ihnen geworden ist. Niemand aus der Familie hat sie je dort besucht.

«Das Mädchen» hatte Hanna und ihren Geschwistern Spitznamen gegeben, die bis heute in der Familie existieren. Unmöglich, sie alle aufzuzählen, so viele waren es. Hannewka, Hulli, Zwutschi, Trutschkowa, Hannuschka, Hannatewka. Hancita, eindeutig spanisch inspiriert, war auch dabei. Vielleicht hatte «das Mädchen» sich einen Spaß gemacht mit den Berliner Kindern, die keine einzige slawische Sprache kannten. Oder vielleicht hatte sie die Kinder einfach lieb.

Oma Tita hatte von alldem nicht viel mitbekommen und sich später oft gefragt, warum ihre Tochter nach dem Krieg Russisch lernen wollte und nicht Englisch. Sie hatte sich nie allzu intensiv mit ihren Kindern beschäftigt. Auf der Flucht und danach hatte sie dafür gesorgt, dass sie überlebten, Kartoffeln und Fahrräder organisiert. Sie schlief jahrelang mit den vier Kindern in einem Bett, weil es nur eines gab. Vor ihrer Flucht war sie als junge Mutter vor allem damit beschäftigt gewesen, hervorragend militärisch Dressur zu reiten. Auf uns allen unbekannte Weise hatte sie es geschafft, bei den Trainingsstunden der Einheit ihres Mannes mitmachen zu dürfen. Sie ritt mit den Burschen um die Wette, sprang über kleine und größere Hindernisse oder saß rauchend zwischen den Kerlen im Offizierskasino. Abends wurde sie sehr elegant und ging zu den verschiedenen Festivitäten und Veranstaltungen, die man in Neiße und Breslau besuchen konnte. Oma Tita ritt und feierte bis zu dem Tag im November, an dem ihr Mann fiel. Die Weihnachtszeit verbrachte sie mit ihren Kindern auf der Straße.

Wie bereitet man sich auf eine Beerdigung vor? Ich kann mich an jedes, absolut jedes Detail der Beerdigung meiner Mutter, unserer Mutter, erinnern, aber nicht an die Vorbereitung. Als ich gestern in der Küche im Haus am Zikadenweg die letzten Reste von Papas einsamer Zivilisation weggeräumte, fiel es mir wieder ein: Auf Hannas Beerdigung habe ich mich nicht vorbereitet. Ich hatte am Abend davor eine Theaterpremiere – auf DIE habe ich mich vorbereitet. Ein paar Tage vor der Trauerfeier stand ich auf der Bühne und probte ein feministisches Stück. *ich will aus diesem haus raus* hieß es, alles kleingeschrieben natürlich. Dann saß ich in der Trauerhalle auf dem Friedhof in Köln in der ersten Reihe, in der Hand den Ausdruck eines Gedichts von Erich Fried. Ich versuchte, mich zu konzentrieren, um am Ende der Ansprachen nicht nur zu weinen, sondern aufstehen und laut vorlesen zu können. Noch am selben Abend ging ich zurück ins Theater, weil die Proben unseres Kollektivs weitergingen. Proben nach der Premiere – selbstverständlich. Raus aus der Verbürgerlichung von Kunst und ihrem Zwang, sich einem sogenannten Privatleben zu unterwerfen. Bei der Trauerfeier meiner Mutter war ich da, und ich war nicht da.

«Warum habe ich mir das angetan?», fragte ich mich gestern und wischte Papas Küchenschrank aus.

«Nun», sagten die Alten und Weisen in mir, die mich vor

zu viel Selbstbeschimpfung schützen wollen. «Es war die Zeit. Niemand fand das ungewöhnlich. Auch für deine Schwestern war es selbstverständlich. Arbeit geht vor.» Meine Selbstbeschimpfungsstimme konterte: «Wenn wir immer alles so machen, wie die Zeit es gerade macht, sind wir nichts anderes als Treibgut. Es war deine Mutter. Du dachtest, es ist nicht wichtig. Jetzt, nachdem dein Vater verstorben ist, gehst du in sein leeres Haus und versuchst, ihm nachzuspüren. Du bist keine gute Tochter für deine Mutter gewesen. Du bist eine klägliche Feministin. Eine klägliche Salonfeministin an einem Off-Theater, wo sowieso niemand zuhört.»

Irgendwann war das ganze Haus so sauber, dass ich nichts mehr berühren wollte, um nichts wieder schmutzig zu machen oder in Unordnung bringen. Ich ging spazieren.

Nicht weit vom Zikadenweg erreicht man das obere Ende der Kantstraße. Bei einem Delikatessengeschäft blieb ich an der Auslage hängen. «Man kann ja mal schauen, was es da so gibt, schauen kostet ja nichts», hat Hanna gesagt, wenn wir sie an Delikatessengeschäften vorbeischieben wollten. Bei Bow kamen kulinarische Extravaganzen nur vor Gästen gut an, waren wir unter uns, mochte er Blechkuchen, Filterkaffee und Suppe.

Hanna gewann die kleinen Rangeleien vor den Schaufenstern. «Was soll das schlechte Leben nützen?», rief sie, und wir gaben auf. Mit dem schlechten Leben konnte alles gemeint sein: schlechtes Essen, schlechte Männer, schlechte Verfassung. Hanna erlaubte es sich jederzeit, sich auch noch für den eigensinnigsten ihrer persönlichen Wünsche einzusetzen, um das schlechte Leben zu verbessern. Keine Empfindung war zu gering, keine Befindlichkeit zu lächerlich, um ihr nicht nachzugehen. Ich habe mir das in den letzten Jahren zu eigen gemacht. Was soll das schlechte Leben nützen? Ich weiß es wirklich nicht.

Zwei Stunden später kam ich schwer bepackt aus dem Laden heraus. Es hatte sich etwas in Gang gesetzt, das jenseits des normalen Zeitstrahls ablief und das ich mir nur so erklären kann: In einer Mischung aus Langeweile, Schuldbewusstsein und Versagensängsten habe ich anschließend einen Mietwagen gebucht, ihn mit den Einkäufen beladen und bin noch in derselben Nacht nach Hessen gefahren. In einem Anfall von Wahnsinn habe ich den Einkauf aus dem Delikatessengeschäft in ein Buffet verwandelt und im *Tannenhof* hinter dem Vorhang versteckt.

«In einem Anfall von Wahnsinn» ist in unserer Familie ein stehender Begriff, selbst Roberto und sogar Klaus und seine neue Frau (sie sind länger verheiratet, als ich lebe) benutzen diese Formulierung. Ein Anfall ist jederzeit möglich. Er tritt als Durchkreuzung von Alltag in Erscheinung, aber auch von größeren Lebenssituationen wie Weihnachten, Abitur, der Beerdigung des Vaters. Mithilfe seiner Bezeichnung kann er verwaltet werden. Der «Anfall von Wahnsinn» als Begriff ist eine von Hannas besten Hinterlassenschaften. Alles, was sich benennen lässt, ist eingrenzbar. Schwierig sind Dinge, die ohne Vorwarnung und ohne semantische Verwurzelung im Kopf auf uns hereinprasseln.

In einem Anfall von Wahnsinn konnte bei Hanna so einiges passieren: Abendkleider wurden gekauft oder mit dem Bügeleisen verbrannt, Kinder in der Kita oder am Bahngleis vergessen, Kochtöpfe auf dem Herd stehen gelassen oder Wildfremde von der Straße zum Mittagstisch eingeladen, weil jemand schlecht ausgesehen hatte und wir ja genug hatten, wie

Hanna meinte. Zur Weihnachtszeit wurden große Mengen von Lebensmitteln gekauft und nach Polen geschickt. Oder ich zum Nachhilfeunterricht in Deutsch. Ich hatte in Deutsch eine Eins, doch in einem Anfall von Wahnsinn hatte meine Mutter entschieden, dass das polnische Mädchen in meiner Klasse, Yvonne Siedlock, nicht gut genug Deutsch könne, was ihre Entwicklung in diesem Land behindern würde. Sie konnte den Eltern des Mädchens schlecht einfach Geld für Nachhilfeunterricht geben, das wäre eine Beleidigung gewesen. Aber sie konnte den Eltern anbieten, jeden Dienstagnachmittag nach der Schule auf Yvonne aufzupassen, um dann festzustellen, dass ICH dienstagnachmittags zum Nachhilfeunterricht müsse und Yvonne da leider mitmüsse.

Oder es entstehen in einem Anfall von Wahnsinn haltlose Buffets für eigentlich bescheidene Beerdigungen. Ich habe alles auf einem Tapeziertisch drapiert, den ich irgendwo gefunden habe. Meine Eltern haben es geliebt, Tapeziertische zu Buffets umzufunktionieren. Als Papa Bow endlich Chef geworden war, lud er sein gesamtes Büro zu einer Weihnachtsfeier nach Hause ein und baute mit großer Begeisterung im Flur den Tapeziertisch auf, den er Jahre zuvor nicht zum Tapezieren, sondern zum Buffettieren gekauft hatte. Eine maßgeschneiderte Tischdecke verdeckte seine wahre Existenz. An manchen Stellen bog sich das dünne Holz unter der Last der Speisen, was Bow in Ekstase versetzte: «Wie es sein soll – GENAU, WIE ES SEIN SOLL! Der Tisch biegt sich unter der Üppigkeit der Speisen.»

Für mich und das Verhältnis zu meinen Eltern wäre es gut gewesen, damals schon ältere und weise Stimmen in meinem Kopf gehabt zu haben, die mir hätten sagen können: Deine Eltern haben während ihrer Wachstumsphase nichts zu essen gehabt. Jahrelang. Deine Mutter hatte wegen der Unterernährung Skorbut und große Eiterplacken am ganzen Körper, zu einem Zeitpunkt, an dem sie sich gern das erste Mal verliebt hätte. Dein Vater saß nach dem Krieg mit seinen Geschwistern, den Eltern und zwölf zugeteilten Flüchtlingen aus den Ostgebieten am Tisch, und der Tisch war leer. Nimm es ihm nicht übel, dass er durchdreht, wenn sich ein Tapeziertisch biegt, weil Essen darauf steht. Verdenke es deiner Mutter nicht, dass sie mit dem Teelöffel über die Oberfläche der Butter fährt, um davon zu naschen, als sei es Nutella. Nimm selbst deine Finger aus dem Nutellaglas, stell es zurück in den Kühlschrank und entschuldige dich für deine hastigen und unwissenden Verurteilungen.

Im hinteren Teil des *Tannenhofs* befindet sich die kleine Bühne von damals, abgetrennt durch einen Vorhang vom Gastraum. Auf dieser Bühne habe ich gestern in meinem Anfall von Wahnsinn das Buffet aufgebaut. Hier biegt sich der Tapeziertisch unter Mousse au Chocolat, Butterturm, Käseigel, einem ganzen Serranoschinken, Trauben, Nüssen, einem kalten Brathähnchen mit kleinen Kochmützchen aus Papier auf den Knochenenden. Einen Rehbraten hatte ich nicht finden können. Bei meinen Eltern gab es manchmal welchen, geliert auf einer Platte und mit Ananasscheiben und Piemontkirschen verziert. Stattdessen habe ich russische Eier gemacht, dekoriert mit krauser Petersilie. Warum muss ich Bow hier in Hessen mit diesem nicht bescheidenen Teil seiner Persönlichkeit konfrontieren?

Bow konnte jederzeit wieder in die Rolle des bescheidenen und ängstlichen jüngsten Sohnes einer riesigen Familie verfallen. Das passierte Hanna nie. Sie war eine Prinzessin gewesen, ihr Vater hatte sie auf Händen getragen, wenn er zu Hause gewesen war und nicht «beruflich weg». Sie hatte sich schon früh als sprachbegabt gezeigt, war vor ihrem Papi auf und ab stolziert, Worte wie Nebukadnezar fehlerfrei aussprechend, es genießend, dass ihr Papi sie lobte. Köstlicher als jede Süßigkeit, diese Momente.

Angeben war ihr von klein auf anerzogen worden, und auch ihr Leben als Fluchtkind, von dem man erwartete, dass es sich zurückhielt, weil es fremd war und von der Schuld der Väter gezeichnet, konnte Hanna nicht bremsen. Bow war zu Hause gebremst worden. Er orientierte sich an Hanna, als es ihm wichtiger wurde, jemand zu sein. Er wollte Chef werden, und sie wusste, wie man das spielt. Erst waren es Dinge wie Fernseher und Auto, mit denen sich Bow und Hanna von ihrer Umgebung abzuheben versuchten. Auch in der Küche wurden sie extravagant. Besondere internationale Gerichte sollten den Freunden und Bekannten deutlich machen, was sie sich aufbauten und was sie hinter sich ließen. Später waren es Vorträge und Reisen.

Die Reisen nach Amerika und kurze Zeit später nach Moskau wurden zu Fixsternen unserer Familienbiographie. Hanna verankerte diese Daten als Zeichen eines gelingenden Lebens, als Wendepunkte auf dem familiären Zeitstrahl. Die Familienchronik kannte von nun an ein Leben vor der Amerikareise oder danach, vor der Moskaureise oder danach. Meine Einschulung hatte während der Amerikareise stattgefunden. So orientiere ICH mich, wenn ich heute die Abläufe nachrechne. Bei Hanna kam das Ereignis meiner Einschulung nicht vor.

Ich kann mich entscheiden: Will ich es ihr mein Leben lang vorwerfen, dass nicht meine Bedürfnisse als Kind der Maßstab ihres gesamten Lebens waren? Oder betrachte ich sie ab jetzt, mit Bows Tod, als Erwachsene, die eigene Maßstäbe angelegt hat, und das mit gutem Recht?

Mein Vater hatte durch langjährige Recherchen und Kontakte, die er auf Konferenzen in Deutschland gesammelt hatte, die Amerikareise als Emigrantentour geplant. Er wollte ein Buch über Architektur und Emigration schreiben und suchte dafür Architekten auf, die nach Amerika ins Exil gegangen waren. Aus dem Buch wurde später nichts, aber die Erlebnisse haben beide sehr beeindruckt.

Die Vorbereitungen waren von großer Aufregung begleitet. Die Reise wurde im Schatten von Flugzeugentführungen geplant. Meine Eltern saßen gemeinsam vor den Nachrichten und gerieten in einen Zustand, der wuchs und wuchs, je näher der Abflug heranrückte. In diesem Klima wurde die Abreise nach Amerika zelebriert. Nach meiner Einschulung würden sie zurück sein, sagten meine Eltern. «Aber wer weiß», fügte Hanna seufzend und melodramatisch hinzu. Wir gingen in den Stadtpark, um Familienfotos zu machen. Verschiedene Konstellationen, mit Enten und Schwänen am Weiher. Bow war auf die Idee gekommen, so konnte er die neue Kamera ausprobieren, mit der er in Amerika die Häuser der Emigranten dokumentieren wollte. Hanna arrangierte Lotta und mich im Park in der Nähe eines Schwanenpaares und erwähnte beiläufig, dass sie getrennte Flüge gebucht hatten für die Reise. Einer von ihnen sollte überleben, um sich um uns kümmern zu können.

Lotta und ich schwiegen und lächelten in die Kamera. Am Abend vor dem Einschlafen spielten wir lange mit unseren Stofftieren. Eines der Monchichis hatte fortan im Barbie-Camper eine Geisel.

Am nächsten Tag fuhren Hanna, Lotta und ich von der Universitätsbibliothek zusammen nach Hause. Auf dem Heimweg gab es eine Komplikation. Nichts, was wir nicht kannten, eine kleine Delle in Bows geplantem Ablauf unseres Tages: Hanna musste tanken.

Tankstellenbesuche beanspruchten in unserer Familie viel Zeit, egal, mit welchem Elternteil man unterwegs war. Mit Bow dauerte es, weil er so gerne das Auto waschen ließ. Mit Hanna dauerte es, weil sie mit einem Kanister in der Hand erst einmal zur Tankstelle laufen musste. Hanna war der Meinung, ihre Ente habe eine unleserliche Tankanzeige. Was das betrifft, bin ich sehr froh über den technischen Fortschritt. Moderne Tankanzeigen sprechen mit mir, sie piepen und geben Zeichen. Ich muss nichts lesen können.

Im Kofferraum der Ente wurde wegen der Unleserlichkeit der Tankanzeige stets ein Fünf-Liter-Kanister für Benzin mitgeführt. Der Kanister war meistens leer, weil er gerade einige Tage zuvor gebraucht worden war.

«Den habe ich gestern schon leer gemacht. Ich dachte noch, fahr ich als Erstes zur Tankstelle und fülle den Kanister wieder auf. Dann dachte ich, ich fahre lieber nach Hause, die Kinder warten auf ihr Essen.»

Lotta und ich protestieren. Wir wollen auf keinen Fall aussteigen und zur Tankstelle laufen. Wir wollen sitzen, gefahren werden und so bald wie möglich fernsehen.

«Selber schuld, hättet ihr gestern gekocht, hätten wir die Misere jetzt nicht.»

«Die Tankanzeige ist schuld, nicht wir», sagt Lotta düster.

Hanna schweigt bedrohlich. Wir sitzen in der benzinlosen Ente und schwitzen. Das Verdeck ist auf, die Sonne brennt auf unseren Köpfen. Lotta hat die Barbie einer Freundin auf dem Schoß und flicht ihr die Haare in einer Art und Weise, die mir Angst macht.

Ich fürchte mich bis heute vor allem Unleserlichen. Unleserliche Tankanzeigen, Gesichter, Partner, Einkaufszettel. Sehr unangenehm und anstrengend.

«Aber nicht wieder so lange dableiben», sage ich.

«Wo?», fragt Hanna.

«Bei der Tankstelle.»

«Wer will denn lange bei der Tankstelle bleiben. Wir holen ein bisschen Benzin, und schon sind wir zu Hause», sagt Hanna und schaut auf ihre goldene Uhr, ein Geschenk von Bow, als ihr die Leitung der Bibliothek übertragen worden war.

«Los, los, los, Kinder. Sonst ist der Supermarkt zu, und wir haben nichts zu essen heute Abend.»

Kein Benzin, kein Abendessen, die Eltern würden möglicherweise im Flugzeug entführt werden – mir wird schlecht.

«Mir ist schlecht, Mama.»

«Das macht nichts. Warndreieck, und los.»

Das war mein Stichwort. Ich liebte das Warndreieck. Ich liebte alles, was mit dem Auto zu tun hat. Außer Benzin. In den folgenden Jahren fanden mein Vater und ich zu einer regelrechten Autokameradschaft, mit der ich Hanna beeindruckte, wenn er nicht dabei war. Ich konnte die Reifen aufpumpen und später auch wechseln, ich konnte den Ölstand prüfen, das Öl und die Kühlflüssigkeit nachgießen. Besonders wichtig war mir das Frostschutzmittel in der Wischwaschanlage. Die Windschutzscheibe der Ente war einmal bei Blitzeis von einem Studenten mit der Axt freigehauen worden, damit Mama und Lotta und ich nach der Uni nach Hause fahren konnten. Das sollte nie wieder vorkommen, also musste die Wischwaschanlage in Ordnung gehalten werden. Allein schon, weil das Wort wunderbar war. Abends beim Zubettbringen phantasierten Mama und ich von einer Wischwaschanlage für

Menschen. Wie einfach wäre das Leben: Man läge im Pyjama im Bett, und die Wischwaschanlage würde einem mit dem Lappen durchs Gesicht und unter die Achsel fahren, zwischen die Beine und zu den Füßen. Am Schluss eine schäumende Zahncremedusche, und fertig. Daniel Düsentrieb würde uns so was im Handumdrehen bauen.

Das Warndreieck steht, wir laufen los.

«Wo ist der Kanister?», fragt Lotta nach zehn Minuten.

Wir laufen zur Ente zurück. Auf dem Weg redet Hanna von der bevorstehenden Reise, davon, dass die Alsfelder Großmütter auf uns aufpassen, während sie weg sind, und dass die beiden auch bei meiner Einschulung dabei sein werden.

Amerika war in der Welt unserer Familie bis dahin als Western im Fernsehen und als Indianer- und Cowboykostüm an Karneval vorgekommen. Und als schwarzer GI in Hessen, der der zehnjährigen Hanna einen Kaugummi entgegenstreckte und sich wunderte, dass dieses kleine, verlauste Mädchen schon Englisch sprach. «My father is dead», hatte sie zu dem Mann gesagt. Sehen alle Menschen in Amerika so aus?, fragte sich die kleine Hanna und nahm den eigenartigen Gummistreifen aus der Hand des Fremden. «Was auch immer das ist», dachte sie sich, «was ich hab, das hab ich.» Mit diesen Worten war die Episode in die Familiensaga eingegangen.

«Ich will ein Mars», sage ich.

«Ich ein Milky Way», sagt Lotta.

«Wenn unsere Flugzeuge entführt werden …», sagt Hanna.

Mir wird jetzt richtig schlecht.

«Wenn wir beide nicht zurückkommen, dann wird Oma Tita bei euch bleiben und euch durch den Rest der Schulzeit bringen. Da müsst ihr dann selber kochen, das kann ich euch flüstern.»

Der Tankstellenbesitzer kommt uns in seiner Einfahrt entgegen. Wir besuchten ihn oft, und Hanna hatte ihn familienintern den «ollen Petter» getauft. Er stammte aus einer Welt, in der Autos eine Rarität waren und sicher nicht von berufstätigen jungen Frauen mit Kindern gefahren wurden. Er war nachsichtig mit Hanna. Sie hatte ihren Kanister bei ihm gekauft und füllte ihn regelmäßig bei ihm nach. Er war nachsichtig, weil ihr Verhalten ihm zeigte, dass er recht hatte. Frauen, besonders Frauen, die eigentlich keine Frauen sind, sondern Mütter, sollten nicht Auto fahren. Aber der Architekt wird schon wissen, was er seiner Frau erlaubt und was nicht, der scheint ein kluger Kopf zu sein, dachte der olle Petter wohl.

«Noch nicht in Amerika?», ruft er und nimmt Hanna den Kanister ab.

«Wenn wir aus Amerika zurück sind, fliegen wir nach Moskau», sagt Hanna, während wir mit ihm an der Zapfsäule stehen und zusehen, wie sich der Kanister füllt. Ihr Unterton suggeriert bei dem Wort «Moskau» etwas Grandioses, Atemberaubendes. Der olle Petter war lange nach dem Krieg aus Russland zurückgekommen.

«Moskau?», fragt er. «Passt auf, dass ihr da auch wieder rauskommt.»

Der olle Petter war so alt wie Hannas Papi, und sie konnte sich stundenlang mit ihm unterhalten. Am liebsten erzählte sie ihm davon, was ihr heldenhafter Vater alles gemacht hatte. Es ging in diesen Geschichten um Pferde, um Geheimbotschaften und Telefonate. Auch Feldpost kam vor. Bei einem dieser Gespräche hatte sich dann herausgestellt, dass der olle Petter und Hannas Papi in derselben Division gewesen waren. Hannas Geschichten aus dem Krieg der Väter waren beschwingt und ohne jegliche kriegerische Handlung. Sie variierten in der Wiedergabe. Hanna war ja nicht dabei gewesen, und Oma Tita gab nie etwas dazu preis, was Hanna als Erzählerin freie Hand ließ. Es gab niemanden, der widersprach, korrigierte oder Nachweise forderte. Den ollen Petter hätte Hanna fragen können, was damals wirklich passiert war. Aber sie fragte ihn lieber nach seiner Meinung zum Wetter oder zu neuen Fertiggerichten.

«Ich will ein Mars, Mama.»

«Du bekommst nachher im Supermarkt eine Scheibe Wurst.»

Ich hüpfe ungeduldig von einem Fuß auf den anderen und zähle die Hüpfer, zählen beruhigt. Lotta und ich wollen zum Auto zurück, wir wollen nach Hause. Wir wollen weg vom ollen Petter, aber Mama redet und redet.

Später im Auto wird sie sagen: «Ich kann den ollen Petter nicht einfach stehen lassen. Er hatte so interessante Sachen über Russland zu sagen.» Aber ich weiß genau, dass er auch diesmal nichts über Russland gesagt hat. Ich habe danebengestanden, kein Mars gekaut und aufmerksam zugehört. Sie haben über das Wetter gesprochen, über den Luftdruck im Reifen und über Aprikosen, die der olle Petter in seinem Garten am Stadtrand anbaut, und selbst gezogene Kartoffeln, die er besser findet als Fertiggerichte.

Als wir endlich auf dem Rückweg sind, habe ich größere Angst vor Russland als vor Amerika.

«Warum?», fragt Hanna. «Was soll denn an dem einen Land schlimmer sein als an dem anderen?»

Kurz vor der Abbiegung zu unserer Straße schlafe ich auf dem Rücksitz ein.

Im *Tannenhof* ist die Gegenwart von Hanna und Bow stärker als die der Schwestern und der anderen Väter. Wie haben sie das hingekriegt? Ich sehe sie hier als Jugendliche vor mir. Bow auf der Bühne, Klaus und Hanna im Zuschauerraum. Während ich zwischen den Gästen der Beerdigung herumgehe, wird meine Aufmerksamkeit von der Vergangenheit der Eltern umklammert.

Lichtjahre vom *Tannenhof* entfernt hält währenddessen Hannas Ente vor unserem Haus, ich wache wieder auf und frage Mama, ob es in Russland Barbies gibt. Hanna antwortet nicht. Kurze Zeit später steht sie vor dem Kühlschrank und räumt den Einkauf ein. Ich helfe ihr, und Hanna tritt leicht auf mich drauf.

«Geh doch mal in dein Zimmer oder spiel mit Lotta.»

«Die kommt hier nicht rein», schreit Lotta in den Flur.

Hanna räumt alle Tüten aus und probiert von allem, was von der Frischetheke kommt, ein kleines Stück. Sie seufzt zufrieden, als sie einen Teelöffel mit abgekratzter Butter ablutscht.

«Hier ist dein Abendbrot.»

Sie stellt mir einen Teller mit zwei Scheiben ungetoastetem Toastbrot mit Mayonnaise hin.

«Tomatenmark», sage ich.

«Kommt.»

Ich setze mich an den Tisch und verziere meine Mayonnaisetoasts mit Tomatenmark-Smileys.

Hanna holt Schnecken im Glas aus dem Schrank und leere, künstliche Weinbergschneckenhäuser.

«Wir haben Gäste, mein Schatz, mach mal.»

Sie stellt alles vor mich hin und nimmt Kräuterbutter aus dem Kühlschrank. Wenn Mama die Weinbergschnecken für

Gäste vorbereitet, isst sie so viel von der Kräuterbutter, dass ihr schlecht wird. Deswegen mache ich das, ich hasse Butter.

«Du hast so wunderbar kleine Finger», sagt Hanna und schnappt sich eine Scheibe Kräuterbutter, die ich mir gerade zurechtgelegt habe, um sie zu vierteln und dann jeder gestopften Schnecke etwas davon hinterherzustopfen.

«Mama, so werde ich nicht fertig.»

Das habe ich von Laura, die oft Sachen sagt wie «Bow, so wird das nichts», «Mama, gib mal her, ich kann gar nicht hinsehen». «Sei nicht so streng», sagt Hanna dann oft. «Erst hatte ich autoritäre Eltern, jetzt habe ich autoritäre Kinder.»

Ich stopfe Butter und kaue Mayonnaisetoast. Lotta kommt dazu und verzieht das Gesicht, legt dann aber alle fertig gestopften Schnecken auf die Teller mit den Vertiefungen, auf denen man die Schnecken zum Gratinieren in den Ofen schiebt. Sie bekommt zwei Scheiben Toastbrot mit Nutella.

Das Essen für die Gäste ist bei meiner Mutter französisch orientiert, das für die Kinder hingegen ist eher nach Komfort ausgerichtet, dem Komfort der Eltern. Es geht dabei nicht um den Magen, das Wachstum, die Vitaminzufuhr. Essen aus dem Kühlschrank, nie versiegender Nachschub – das ist der Komfort, den Hanna sehr lange nicht gehabt hatte. Aus ihrer Sicht wuchsen wir buchstäblich im Schlaraffenland auf.

«Wer kommt heute Abend?», fragt Lotta.

«Dr. Biezunski, ein Kollege von Papa, der die Konferenz in Moskau organisiert.»

Da ist es wieder, Moskau.

«Mama, mir ist immer noch schlecht.»

«Dann nasch nicht so viel Kräuterbutter.»

«Ich esse keine Butter.»

«Na, dann eben nicht, liebe Tante.»

Ein Satz wie ein Fertiggericht, in unserem Haushalt ungefähr genauso oft serviert.

Haben das alle Eltern?, frage ich mich heute. Oder alle Eltern dieser Generation? Solche Fertigsätze, die man beliebig einsetzen und verwenden kann und die ein Leben lang wiederholt werden? Als bräuchte man keine neuen Formulierungen, weil sowieso alle Situationen im Leben gleich sind und man ihnen mit Routine begegnen kann? Oder ist das Leben für diese Kriegskinder so schockierend und aufregend gewesen, dass sie später im Leben eine Routinesprache brauchten, um durch den Tag zu kommen? Hatten durch die Jahre der Angst und der Sorge einfache Erschütterungen des Alltags so viel Nachklang, dass solche Sätze nötig wurden, wie gepolsterte Türen vor geheimen Kammern? Alles konnte jederzeit verschwinden oder in Flammen aufgehen. Alles, außer Sätze.

Hannas Begeisterung für das richtige, das befreiende Wort, den besten Rhythmus hatte im Alltag keinen Platz. Die Hanna, die am Sonntagmorgen mit Puschkin und Dostojewski im Bett lag, lebte in einer Welt aus Wendungen und Formulierungen, die eine Tür nach der anderen aufstießen, im Herzen, in der Erinnerung, im Nachkriegskorsett der Gedanken. Die Hanna in der Küche, vor Gästen oder dem ollen Petter sagte: «So ist das Leben», «Ab die Post» und «Entschuldigänse» – geborgte, gebrauchte Sprache.

Auf dem Plumpsklo des Bauernhofs, auf dem die Flucht vorerst geendet hatte, lagen Ausgaben der Zeitschrift *Die Gartenlaube*. Damit wurde abgewischt. Hanna schleppte die Hefte gern weg von der stinkenden Bude, aber manchmal blieb sie trotz des üblen Gestanks hocken – lesend und vergessend.

Wenn ein Erwachsener aggressiv und autoritär Zutritt verlangte, versteckte sie schnell ein oder zwei Hefte unter ihrem Rock und verkroch sich mit ihrer Beute im Heuschober. Sie brachte die Hefte wieder zurück, denn sie hatte verstanden, wie kostbar jedes Stück Papier an diesem Ort war, doch sie wollte alles lesen, bevor die Seiten anders genutzt wurden. Nach einer Weile hatte sie Lieblingshefte, die sie ganz unten in den Stapel schob, um an schwierigeren Tagen das Schöne nochmals lesen zu können. Mühevoll war die Aktion, weil Hanna klein und mager war und nicht sehr geschickt, der *Gartenlauben*-Turm aber hoch und wacklig und sehr nah am Plumpsklo – auf keinen Fall durfte er kippen. Kein gedrucktes Wort durfte verschwendet werden, jede Silbe war kostbar und konnte sie wegtragen, wegführen von Fliegen, Gestank und kräftigen Bauernsöhnen, die ihr Angst machten. Wenn sie zurück in das Zimmer kam, in dem sie mit ihrer Mutter und den drei jüngeren Geschwistern lebte, trug sie die neu gelernten Worte aus der *Gartenlaube* vor sich her wie Perlen auf einem silbernen Tablett. Hanna hat ihre Kindheit überstanden, weil sie lesen konnte.

Während wir Schnecken stopfen, kommt Papa Bow nach Hause. Er hat ein Paket von Papa Roberto für Lotta dabei. Roberto hält sich an Hannas Anweisung: keine Barbies. Aber Roberto weiß, was Mädchen wollen. Im Paket sind drei Sets Barbiekleider, originalverpackt. Die kann Lotta auf dem Schulhof tauschen oder zu Geburtstagen verschenken.

«Hat Lotta schon wieder Geburtstag?», frage ich.

«Nein», sagt Papa Bow. «Roberto hat ein schlechtes Gewissen.»

Er geht in sein Arbeitszimmer, um noch etwas nachzulesen, bevor Dr. Biezunski kommt.

«Wie heißt eigentlich seine Frau?», ruft ihm Hanna aus der Küche hinterher.

«Frau Dr. Biezunski.»

«Die ist auch promoviert? In was?», schreit Hanna am Herd.

«Ist sie nicht», ruft Bow. «Sie ist seine Frau.»

Die Mousse au Chocolat hat Hanna am Tag zuvor vorbereitet. Eine kleine Extraschale steht für Lotta und mich im Kühlschrank. Erst Schlafanzüge, dann Mousse.

Für den Hauptgang bereitet Hanna Spargel vor. Ich kann mich an kein warmes Abendessen für Gäste erinnern, bei dem meine Mutter NICHT Spargel kocht – egal zu welcher Jahreszeit. Vielleicht erinnere ich mich gar nicht an das Essen selbst, sondern an die Erzählung, die die Familie über Jahre hinweg geformt hat und die nur Spargel anbietet. Wie eine KI mit einseitiger Ladung. Die bevorstehenden Reisen nach Amerika und Moskau, meine Einschulung – eindeutig Spätsommer, eindeutig nicht Spargelzeit, wenn ich faktenorientiert an die Sache herangehe. Bild vor Logik ist ein Konzept, das bei Fernsehfilmen oft angewandt wird. Laura hat es mir nach ihrem ersten *Tatort* erklärt. Wenn etwas unlogisch ist, aber im Bild gut aussieht, behält man es einfach, es wird nie jemand danach fragen. Ich will nicht unlogisch werden, ich will meiner Mutter aber auch keine Kartoffelgratins oder Schweinsbraten andichten, die es nie gegeben hat. Also halte ich mich an ein anderes nützliches Konzept: Familienlogik vor Fakten. In der Welt der Familienlogik kann man im September Spargel essen.

Hanna kocht also Spargel und Kartoffeln, während Lotta und ich Mousse essen.

«Ihr müsst kurz auf den Herd aufpassen.»

Hanna geht zum Schlafzimmer und ist weg. Es kocht und brodelt.

«Mama und Papa werden im Flugzeug entführt», sage ich.

«Ja», sagt Lotta. «Oder sie bleiben in Moskau.»

Lotta kennt sich aus. Sie zieht eine Stricknadel aus der Besteckschublade, hebt den Deckel von dem dampfenden Topf und pikt in eine Kartoffel. Das riskante Manöver gelingt ohne Verletzung. Ich bin beeindruckt.

«Die Kartoffeln sind durch», schreit sie.

«Abgießen und knacken lassen», schreit Hanna.

«Brüllt hier nicht so rum», schreit Papa.

«Ich will nicht kochen», schreit Lotta und gießt die Kartoffeln ab.

Es klingelt, die Dr. Biezunskis sind da. Hanna kommt im Abendkleid aus dem Schlafzimmer und bindet sich rasch eine Schürze um, bevor sie die Haustür öffnet. Die Gäste sollen sehen, wie hart sie in der Küche schuftet. Doch dort schuftet gerade Lotta und sorgt dafür, dass nichts anbrennt. Die Gäste schauen verblüfft auf das Kind am Herd.

«Was machst du dich denn da an meinem Herd zu schaffen?», sagt Hanna. «Das ist doch viel zu gefährlich. Hopphopphopp ins Bett jetzt. Zähneputzen nicht vergessen, und es wird nicht gelesen unter der Bettdecke.»

Die Eltern waren in Amerika, und Oma Tita wohnte bei uns. Dann kam Oma Dörrge, und die Eltern flogen in getrennten Flügen nach Moskau. Mir war zwei Wochen lang schwindelig. Ich rannte jeden Tag nach der Schule als Erstes zum Briefkasten. Hannas Postkarten begannen mit «Liebe Lauralottakleine». Die Großen waren nicht interessiert, aber ich sammelte die Karten, heftete sie ab und schaute sie mir zusammen mit den campierenden Monchichis an. Hannas Handschrift war unansehnlich und unleserlich, und jedes Mal stand etwas auf der Karte, das mich furchtbar neidisch machte. Das Essen war besser als zu Hause, vor dem Zimmer lag das Meer, Papa hatte vier neue Bücher über Architektur ausgelesen. Es waren Rekorde, die offenbar nur in unserer Abwesenheit aufgestellt werden konnten.

«Liebe Lauralottakleine, Moskau ist voll mit blitzendem Gold. Die Kuppeln der Kirchen sehen aus wie Zwiebeln, und zum Abendessen gibt es Berge von Kaviar auf Silbertabletts. Wir waren auf einem riesigen Markt, und die Obstverkäuferin hat auswendig aus *Eugen Onegin* zitiert. Wir sind im Paradies.»

In Moskau gab es mehrere Einladungen, und Hanna hatte viel übersetzt. Papa musste Wodka trinken und verstand nichts. Als sie eines Abends von einem Essen zurückkamen, stellte Papa ein Bein aus dem Bett und sprach Hannas Russisch nach: «Biw Bow Baw labafflamow, labimlabow, bow bow.»

Am nächsten Tag zog Hanna ihn bei Hering und Tee damit auf und nannte ihn Biw Bowlamow. Hanna lachte noch Wochen nach der Heimkehr darüber, und wir Töchter lachten mit ihr. So wurde aus Papa Peter Papa Bow.

Hannas Begeisterung hielt monatelang an. Beinahe täglich wurden Erlebnisse der Reise vor uns Töchtern ausgebreitet wie Handtücher am Strand zum Sonnenbaden. Moskau war groß und glitzernd und schön. Man musste sich nicht um Laundri Hamper kümmern, sondern einzig um Literatur, Kaviar und goldene Zwiebeltürme. Auf dem Rückflug war Hanna wegen eines Fehlers beim Einchecken in der ersten Klasse gelandet. Tischdecken aus Stoff und beim Eintritt ins Flugzeug ein Glas Champagner. Hanna schwärmte uns schon auf der Fahrt vom Flughafen nach Hause davon vor. Ihre Erzählung war strahlend, wir hingen an ihren Lippen und wollten sofort groß genug sein, um auch Champagner trinken zu können. Es gab echte Höhepunkte im Leben, und für die wollte Hanna von ihren Töchtern bewundert werden. Oder sollten wir neidisch sein wie jüngere Schwestern?

Seit den beiden Reisen mochte Bow es nicht mehr, wenn seine Frau angab. Angeben war sein Spezialfach geworden, doch war es unmittelbar verwoben mit seiner Schüchternheit und Bescheidenheit, die sichtbar blieben wie eine verblassende Narbe im Gesicht. Hanna war so viel besser darin als er. Sie musste nur ihre Mutter kopieren. Oma Tita hatte elegante Abendkleider getragen, hatte beim Fotografen in Breslau Porträts von sich anfertigen lassen, auf denen sie aussah wie Greta Garbo. Sie konnte reiten wie ein Mann. Und sie steckte ihre Finger nie in Kartoffelschalen, in Abwaschwasser oder sonst irgendwohin, wo es nicht gut roch.

Die Trauergäste bleiben länger bei Blechkuchen und Suppe, als ich erwartet habe. Viele haben sich lange nicht gesehen. Das Alter, die Krankheiten – man kommt so selten zusammen. Ramspecks Sohn wird beerdigt, und halb Alsfeld hat sich versammelt. Um den *Tannenhof* herum eine kaputte Kleinstadt an der Autobahn, im *Tannenhof* die betagte Gemeinde einer anderen Zeit. Ich stehe halb vor, halb hinter dem Vorhang und versuche, Laura zu mir heranzuwinken. Endlich kommt sie in meine Nähe.

«Ich will was Richtiges essen», schimpft sie.

Bevor ich ihr das Buffet des Wahnsinns zeigen kann, ist sie schon wieder weg. Eine Schulfreundin von Bow klammert sich nun an mein Handgelenk, um mir eine Anekdote aus der Kinderlandverschickung zu erzählen. Ich entspanne mich durchs Zuhören und vergesse die kalten Speisen in meinem Rücken, die mich so unter Druck setzen.

Lotta ist ebenfalls hungrig. Ich merke es daran, dass sie mehrere Trauergäste mit absoluten Frechheiten zu deren Outfits abserviert, um dann zu ihrer Tochter zu sagen, sie solle sich ein bisschen zusammenreißen, so könne man mit Leuten nicht reden. Ihre Tochter hat mit niemandem gesprochen. Das hat sie von Hanna, denke ich.

Ich zerre Lotta hinter den Vorhang und zeige ihr den Tapeziertisch mit all seinen Gaben.

«Super», sagt Lotta. «Wir warten, bis alle weg sind.»

Sie nimmt sich einen Zweig Trauben und ein Stück Käse und mischt sich wieder unter die Gäste.

Oft wird in unserer Familie Hunger mit Durst oder Appetit verwechselt. Ich bin auch jetzt nicht sicher, was eigentlich los ist. Lotta gibt Laura einen Wink, und eine Viertelstunde später treffen wir Schwestern uns hinter dem Vorhang und naschen. Den Vätern haben wir erst mal nichts gesagt. Wir stehen am Tapeziertisch und essen von allem genau so viel, dass kein Vorher-nachher-Eindruck entstehen kann. Wir haben das jahrelang trainiert. Alle fünf Jahre lud Oma Tita ihre vier Geschwister mit allen Kindern und Kindeskindern zu ihrem Geburtstag ein, immerhin fast hundert Menschen. Bei diesen Feiern wollte Hanna ans Buffet, lange bevor es eröffnet wurde. Als wir noch kleine Finger hatten, die gut von hinten in Torten und Ähnliches Löcher graben konnten, wurden wir geschickt. Es war uns recht, besonders mir. Es gab keine anderen Kinder in meinem Alter, und die älteren Schwestern spielten mit den Cousinen und Cousins Erwachsene und parlierten. Also freute ich mich, wenn meine Mutter einen kleinen Teller aus ihrer Handtasche zog und ihn mir in die Hände drückte. Schnell und heimlich war die Mission, niemand durfte etwas bemerken.

Kompliziert wurde es, wenn ich mit einem absonderlich bestückten Teller – Oliven neben einem Stück Schwarzwälder Kirschtorte neben Baguette neben Schweinsbraten neben Waldmeisterwackelpudding neben Tsatsiki – zu Hanna zurückkam, und jemand stand bei ihr.

«Ach herrje!», war Hannas Reaktion. «Was hast denn DU da gemacht? Das Buffet ist doch noch gar nicht eröffnet. Wo hast du denn den Teller her? Gib das her, das muss ich zurückbringen.»

«Ach, lass sie doch», sagten dann die anderen. Die Kleine war ungezogen gewesen, keine große Sache. Sie forderten mich auf zu essen. Mir blieb keine Wahl. Meine Komplizenschaft zwang mich zuzugreifen, und vor den gierigen Augen meiner Mutter begann ich, den Teller leer zu essen. Hanna starrte mich an. Jeder Biss, der in meinem Mund verschwand, fand imaginiert in ihrem eigenen statt, und ihr Magen begann zu stöhnen.

«Es reicht», sagte sie und packte mich an der Schulter, während ich mir gerade etwas Baguette mit Götterspeise in den Mund schob. Den Verwandten wurde erklärt, dass sie doch kurz erzieherisch eingreifen müsse, und Hanna drückte mich in Richtung Buffet. Außer Sichtweite riss sie mir den Teller aus der Hand, und noch bevor wir ankamen, hatte sie alles aufgegessen.

Jetzt, wo ich am Buffet stehe und etwas esse, kommt mir der gegenwärtige *Tannenhof* wieder realer vor. Der *Tannenhof* der jugendlichen Eltern verschwindet langsam. Laura bastelt den Käseigel um.

«Dass so was noch hergestellt wird», sagt sie lachend.

Ich verschweige, dass ich ihn in der Nacht gebastelt habe.

Laura und Lotta diskutieren mit Käsewürfeln und Zahnstochern in der Hand Hannas Hormonhaushalt. Beide sind der Meinung, Hanna sei «in Flammen» gewesen, als sie bei Papa Bow auszog, und dass sie vielleicht weniger auf ihre Gefühle hätte hören sollen. Beide halten die «entflammten Gefühle», nachdem sie selbst da durch sind, für nicht sehr vertrauenswürdig.

«Was ist denn mit Papas Hormonen gewesen?», frage ich.

«Was meinst du, was soll damit gewesen sein? Männer haben keine Hormone», sagt Laura laut. «Testosteron vielleicht. Aber ist das wirklich als Hormon zu bezeichnen? Bei deinem Papa war das sowieso nicht so ausgeprägt.»

Die Schwestern lachen. Ich nehme einen Käsespieß.

In Flammen – mich macht dieser Ausdruck wahnsinnig. Ein Scheiterhaufen steht in Flammen, ein Haus, das jemand angezündet hat. Flammen fressen alles auf und verwandeln es zu Asche. Und sie selbst, die Flammen, sind hell und leuchtend und knisternd und warm. Wenn also die Frau später im Leben «in Flammen» ist, dann ist entweder sie selbst es, die von etwas Warmem, Schönem, Lebendigem erfasst wurde und gleichzeitig in Asche verwandelt wird. Oder sie IST die Flamme, also ein ungeheuer aggressiver Zerstörer alles Lebenden.

«Wenn Mama jemals in Flammen war, dann damals in der Milchbar», sage ich. «Sie war ein wärmendes, prickelndes Feuer, das diesen drei jungen Männern Hitze und Verortung im Hier und Jetzt verschafft hat. Sie hat so lange gebrannt, dass sie erst nach ihrem Tod zu Asche wurde. Und wenn schon Feuer – wie wäre es mit Löschen gewesen? Eine Frau auf dem Scheiterhaufen muss heute nicht mehr verbrennen. Jeder und jede kann einen Haufen des Scheiterns unter sich wachsen fühlen, ein Leben lang. Hat Hanna so einen Haufen unter sich gespürt? Und hat Bow ihn angezündet?», frage ich die kauenden Schwestern. «Und Männer haben sehr wohl Hormone.»

«Na, du musst es ja wissen, liebe Tante», sagt Laura und greift damit tief in Hannas Fertigsatzbaukasten.

Jetzt bin ich sicher, dass sie vorhin uns allen dreien am Grab erschienen ist. Ich achte darauf, es nicht laut zu sagen. Ich will jetzt keinen Streit. Aber Laura sieht den Satz in meinem Gesicht.

«Was?», fragt sie verletzt und angriffig.

«Nichts.»

Wir stecken beide die Finger zurück ins Buffet.

Bow hatte damals Hannas Urnenbeisetzung nicht besucht, aber danach war er mit Klaus und Roberto zum Essen gegangen. Ich stellte mir die ganze Feier über vor, wie die Väter später zusammen im Restaurant sitzen würden, schweigend, verdruckst und traurig. Laura wollte unbedingt rauskriegen, wo sich die drei Väter an diesem trübseligen Tag zum Essen trafen. Sie wollte unbedingt dabei sein, ran an den Tisch der Väter.

«Wo sollen sie schon sein?», sagte Lotta damals. «An Bord einer Zeitreisemaschine auf dem Weg in die Heidelberger Milchbar.»

Klaus und Roberto haben uns hinter dem Vorhang entdeckt.

«Was macht ihr hier?»

«Was ist das? Ich will auch ein Stück Quiche.»

Quiche gehört nicht auf ein traditionelles Buffet meiner Eltern, die habe ich dazugemogelt, aber das macht nichts, Klaus und Roberto fällt das nicht auf. Der Kontakt zwischen den Vätern und unserer Mutter war gut, doch haben Klaus und Roberto an Feiern im Architektenhaus nicht teilgenommen. Wir sahen sie ein- oder zweimal pro Jahr, meistens, wenn Laura und Lotta in den Ferien bei den anderen Familien gewesen waren, dann gab es Treffen zur Übergabe.

Einmal trafen wir uns mitten in den Sommerferien auf einer Autobahnraststätte. Klaus und seine Frau hatten Laura für ein paar Ferientage mitgenommen. Papa Bow, Hanna, Lotta und ich waren auf dem Weg in den Norden, Dörrges Richtung Süden unterwegs. Klaus' neue Frau hieß bei uns Dörrge zwei. Hanna hatte den Namen Dörrge nie gemocht und war schon allein deshalb froh gewesen, Roberto zu heiraten. Signora Aiello gerufen zu werden, war sehr viel attraktiver.

Es war eine seltsame Begegnung. Die Autobahnraststätte war eine Brücke über der Autobahn. Wir hielten dort jedes Jahr für ein Mittagessen auf unserem Weg in den skandinavischen Sommer. Auf dem Rückweg wollte Papa Bow nie anhalten. «Wir wollen schnell nach Hause und nicht schon wieder essen», sagte er und drückte aufs Gas.

Familie Dörrge saß schon am Tisch, als Hanna mit Lotta und mir an der Hand das Restaurant betrat, Bow war noch unten am Auto. Plötzlich ließ sie uns los und rannte auf den Tisch zu. Sie riss Laura aus ihrem Stuhl und umarmte sie, als wäre sie nach einer Entführung zurückgebracht worden. Dörrge zwei stand erschüttert auf und trat einen Schritt zurück, sie musste Hanna und ihrer Wiedersehensfreude Platz machen. Laura musste lachen, weil sie beinahe erstickt und dabei gleichzeitig mit Küssen auf Haar und Stirn und Wange zerdrückt wurde. Kopf hochreißen, Laura küssen, Kopf an den Busen quetschen und ersticken. Hin und her. Klaus stand nun auch langsam auf und wurde rot. Seine Frau schaute ihn an. Warum wurde er rot? Er lächelte verlegen.

Hanna trug damals ihren rostfarbenen Anzug. Rostfarbene Wollhose mit rostfarbenem Rollkragenpullover – ein leuchtendes Zeichen für den nahenden Besuch des schwarzen Hundes. Ein überaus sichtbares Zeichen, das keiner von uns je bemerkt hat. Erst jetzt, viele Jahre und viele Stunden über alten Familienfotos später, kann ich das Zeichen erkennen.

Papa Bow kam herein und zog seine Autohandschuhe aus. Er lachte laut und herzte Klaus überschwänglich. Dann riss er Laura aus Hannas Umarmung. «Endlich haben wir dich wieder», brüllte er in Lauras Ohr. Und dann über Lauras Schulter hinweg zu Dörrge zwei: «Hallo, schöne Frau, danke fürs Aufpassen, sie ist ja nicht ganz einfach, was?»

Die Erwachsenen schoben einen zweiten Tisch heran, besorgten weitere Stühle, setzten sich hin, standen wieder auf und tauschten noch einmal die Plätze. Hanna saß neben Dörrge zwei und redete lebhaft auf sie ein. Papa saß neben Klaus, und beide klärten sich gegenseitig über die Autobahnverhältnisse auf. Papa gab Klaus einen Schlüssel. Dörrges würden in unserem Haus übernachten, als Zwischenhalt auf ihrem Weg nach Süden.

«Wir haben euch im Wohnzimmer die Couch vorbereitet.»

«Im Wohnzimmer? Du meinst, in eurer Küche», sagte Klaus zwinkernd.

Man merkte, wie sehr sich die beiden mochten. Laura saß zwischen ihnen.

Wir bestellten Schnitzel mit Pommes, dazu Fanta und Cola. Irgendwann fingen die Erwachsenen an, sich zu verabschieden. Laura gab Dörrge zwei die Hand und sagte: «Danke, dass ich bei euch sein durfte.» Sie umarmte Klaus, sagte aber nichts zu ihm.

Auf dem Weg zum Auto fing Hanna den Sitzplatzstreit an: «Ich sitze auf jeden Fall vorne, keine Diskussion.» Damit war die Diskussion entfacht. Laura nahm die Vorlage an wie ein Hund einen Knochen. Sie kaute hastig und sich verschluckend darauf herum. Lotta und ich saßen längst auf unseren Plätzen hinten, ich in der Mitte. Bow sagte nichts, er murmelte nur ab und zu Unverständliches oder atmete laut ein und aus. Dabei zog er so sorgfältig wie nie seine Autohandschuhe an und setzte sich hinter das Lenkrad.

Am Ende saß Hanna neben mir. Sie zitterte und schwitzte. Ab und zu schniefte sie laut.

«Brauchst du ein Taschentuch?», fragte Bow in die Stille nach jedem Schniefen.

«Ja, gern», sagte Hanna. «Ich hoffe, Laura weiß, wo sie sind, und kann mir eines geben.»

«Im Handschuhfach», sagte Bow leise zu Laura.

«Und weiß sie auch, wo das ist, das Handschuhfach?», brüllte Hanna in mein rechtes Ohr.

Laura reichte ihr ein Taschentuch, Hanna ließ es ins Leere fallen. Ich hob es auf und hielt es ihr hin, aber sie nahm es nicht.

«Roberto», sage ich am Buffet, «ich habe russische Eier gemacht.»

«Eure Mutter hat die besten auf der ganzen Welt gemacht. Wie ich ihre russischen Eier geliebt habe.»

Roberto hält sich lange bei den russischen Eiern auf, was mich nervös macht. Ich weiß, dass es Hanna früher gestört hat, wenn Roberto zu viele russische Eier aß. Jedes Jahr zu Ostern veranstalteten sie ein Eierwettessen. Ich kenne es nur aus Erzählungen, aber es ist eine geprüfte und anerkannte Familiengeschichte. Hanna und Roberto luden Freunde und Kinder ein, der unverheiratete Bow war auch oft dabei. Es gab nichts auf dem Tisch außer russische Eier mit krauser Petersilie. Roberto hat jedes Jahr gewonnen.

Wir stehen um das Buffet und essen. Keiner kann sprechen, alle haben den Mund voll. Für Lotta ist das schwierig. Bow sagte in solchen Situationen «gefräßige Stille» in den Raum, was Lotta peinlich war. Jetzt kann Bow nichts mehr sagen, und das macht sie traurig.

«Meine Analytikerin hat mir neulich etwas Interessantes erzählt», fängt sie an, sie muss die gefräßige Stille übertönen.

«Es ging um ein kleines Mädchen. Sie hatte sich im ersten

Schuljahr gut entwickelt, schnell Lesen, Schreiben und Rechnen gelernt. Dann wurde sie plötzlich mit jedem Tag schlechter in der Schule, bis sie irgendwann gar nicht mehr mitkam. Sie hatte alles wieder verlernt. Die Schulpsychologin machte einen Intelligenztest mit ihr, attestierte Minderbegabung und schlug den Wechsel zur Sonderschule vor.»

«Wie kann das sein?», fragt Laura und pikt mit ihrer Gabel in der großen Schüssel Eisbergsalat herum.

«Nicht aus der Schüssel», sage ich.

«Hab dich nicht so», sagt sie und pikt weiter.

Lotta erzählt, wie der Kopf des Mädchens untersucht wurde, aber keine organischen Schäden gefunden wurden. Als Nächstes wurde eine gespaltene Persönlichkeit vermutet. Vielleicht war das Kind missbraucht worden und fortan lesend und nichtlesend zugleich. Es wurde zu Lottas Analytikerin gebracht. Diese fand heraus, dass die Mutter während des ersten Schuljahrs erkrankt war. Sie musste ins Krankenhaus, kam aber wenige Tage später wieder gesund nach Hause. Von da an war es mit den schulischen Leistungen des Mädchens bergab gegangen. Die Analytikerin fand heraus, dass die Mutter des Kindes im Koma lag und im Alltag durch ihre Zwillingsschwester ersetzt worden war. Die Familie war der Meinung, so ein Kind merke doch keinen Unterschied. Nachdem alles aufgedeckt worden war, konnte das Mädchen wieder ungehindert am Unterricht teilnehmen.

«Sie saß dann jeden Nachmittag nach der Schule am Bett der echten Mutter im Koma und machte dort ihre Hausaufgaben. Nach einem Jahr ist die Mutter wieder aufgewacht.»

«Wusstest du, dass Lotta zur Analyse geht?», raunt mir Laura ins Ohr.

«Nicht zu fassen», stöhnt Roberto. «Die russischen Eier – als wären sie von deiner Mutter. Ich wette, Bow hat Hanna nur haben wollen, weil ich so in ihre Eier verliebt war.»

Der Zusammenhang wird mir nicht klar.

«Vielleicht war Papa schon in der Schule in Hanna verliebt gewesen», sage ich.

«Das wäre dann ja Folter für ihn gewesen, zu unseren Hochzeiten zu kommen.»

Auf der anderen Seite des Vorhangs fängt jemand an zu singen.

«Hanna fehlt», sage ich.

«Was meinst du?», fragt Klaus.

«Dass sie gar nicht weiß, dass Bow jetzt auch tot ist und wir alle hier zusammenstehen.»

«Vielleicht weiß sie es längst», sagt Roberto. «Vielleicht wusste sie es vor uns allen. Vielleicht ist Bow gleich als Erstes oben im Himmel zu ihr hin und hat sich bei ihr entschuldigt.»

«Wofür?», will ich Roberto fragen. Da nimmt er mich in den Arm. Die anderen kommen dazu, und wir stehen kurz da, als zehnbeiniges Knäuel aus Hanna- und Bow-Resten.

«Bow war alt», sagt Klaus.

«Das sind wir auch», sagt Roberto.

Zwei

Der Hauptbahnhof ist heute so voll, als wären Weihnachten, Ostern und Silvester auf einen Tag gefallen. Es ist aber bloß Mittwoch, ein gewöhnlicher Mittwochnachmittag. Ich komme von Bows Beerdigung und stehe orientierungslos am Gleis. Um mich herum fluten Menschenmengen die Treppen hinunter zur Bahnhofshalle. Ich will dringend nach Hause und bin doch die Letzte, die den Bahnsteig verlässt.

Es war immer schon schwierig, das mit dem Bahnhof. Das Nachhausekommen vielleicht auch. Schon im Zug denke ich darüber nach, wie es nach der Ankunft weitergehen könnte: Taxi oder U-Bahn. Sehr genau austariertes Rechnen beginnt: Tageszeit, Verkehr, Wetter, Gepäck – alles wird gegeneinander abgewogen. Die Taxifahrer am Hauptbahnhof sind nicht ohne. Ich muss die Nerven haben, mich ihnen zu stellen. Es gibt Gemütslagen, da ist es trotz zu viel Gepäck einfacher, die U-Bahn zu nehmen. Mich den Fragen und Themen eines Fahrers oder einer Fahrerin auszusetzen und der Intimität zu zweit allein im abgeschlossenen Raum eines rollenden Wagens, ist für mich nicht jeden Tag machbar.

Ich bin eine ängstliche Mitfahrerin, wenn auch eine routinierte und eher rasante Fahrerin. Als Mitfahrerin bin ich die Erste, die sich fest anschnallt. Und fest meine ich wörtlich. Ich schnalle mich gern so fest an, dass ich den Sicherheitsgurt wie einen Riemen die ganze Autofahrt über spüren kann. Das hält mich wach und beschäftigt meine Sinne, die ich damit von der anderen Aufgabe in jedem Taxi ablenke – man könnte auch sagen, von der unvermeidlichen Zwangshandlung: den Hausschlüssel in der Handtasche suchen, ohne in die Handtasche hineinzugucken. Das Gesicht muss fest auf die Straße gepresst sein. Der Finger in der dunklen Tasche blutet unsichtbar und tut höllisch weh. Beim Tasten habe ich mir diesmal eine Nagelfeile unter den Nagel gerammt. Nun muss ich Zwangshandlung Nummer drei ausführen, nachdem der Hausschlüssel fest umklammert ist: den Griff nach dem Portemonnaie. Es ist aber keine Hand frei dafür. Die schmerzende Hand in der Tasche, den Hausschlüssel umklammernd, tastet nach dem Portemonnaie, denn die zweite Hand MUSS auf der Sitzbank oder den Oberschenkeln ruhen, um ab und an am Sicherheitsgurt zu fummeln. Es ist unangenehm, aber ich habe mich damit abgefunden. Ich erwarte nicht mehr von mir, eine Taxifahrt entspannt hinter mich zu bringen.

Es wäre einfach, meine Eltern für diese Neurose verantwortlich zu machen. Nach jeder Reise alleine von Oma Tita zurück nach Hause musste ich am Bahnhof ein Taxi nehmen. Auch wenn meiner Ankunft über Tage Telefonate zwischen Oma Tita und Hanna vorausgegangen waren, war selten ein Elternteil und noch seltener ein Elternpaar am Bahnsteig, um mich und meinen Vier-Wochen-bei-Oma-Tita-Koffer abzuholen. Ich wartete jedes Mal, bis alle anderen Reisenden und Abholenden den Bahnsteig verlassen hatten, in der Hoffnung, ich hätte Hanna in der Menge nur nicht gesehen, und sie würde noch irgendwo stehen und mich suchen. So mache ich es bis heute, ich warte, bis alle das Gleis verlassen haben, bevor ich zur Treppe gehe.

Was ich heute nicht mehr mache: am Bahnhofsausgang von der Telefonzelle aus meine Eltern anrufen. Oma Tita steckte mir vor der Abreise in Alsfeld zwanzig Pfennig in den Latz der Latzhose. Sie wusste, wer mich bei meiner Ankunft erwarten würde – niemand. Wenn ich dann zu Hause anrief, war Hanna nonchalant und fröhlich am Apparat: «Was, du bist schon da? Damit haben wir jetzt gar nicht gerechnet. Bis wir losgefahren sind, hast du dir die Beine in den Bauch gestanden, nimm einfach ein Taxi, ich steh vor der Tür mit dem Geld und warte auf dich.» Nie hat Hanna vor der Tür gestanden. Stattdessen flehte ich murrende und schimpfende Taxifahrer an, mich aussteigen und in der Einfahrt des Architektenhauses verschwinden zu lassen und mir zu glauben, dass ich mit einem Erwachsenen und einem Portemonnaie wiederauftauchen würde. Mit sechs, mit sieben, mit acht, mit neun, mit zehn, mit elf, mit zwölf Jahren. Mit Laura oder Lotta war es einfacher, dann blieb eine als Pfand beim grantigen Fahrer oder in meiner Kindheit oft der Fahrerin. Meistens war ich das Pfand. Später als Teenager waren Hanna und Bow geschieden, und es bot niemand mehr an, mich abzuholen. Ab da hatte ich einen Rucksack, ein eigenes Portemonnaie und den Fahrplan der Verkehrsbetriebe im Kopf.

So oder so ähnlich könnte ich mir die Geschichte erzählen: Meine Eltern sind schuld an dem nervösen Getaste und Gefummle im Fond eines jeden Taxis, das ich besteige. Vielleicht liegt es aber auch nur an mir. Ich bin oft unruhig, wenn ich nach einer langen Reise nach Hause komme. Ich kann es kaum abwarten, in meinem eigenen Bett zu schlafen, und ich weiß trotzdem nicht, ob ich es gut aufnehmen werde, wieder zu Hause zu sein. Und ob meine Wohnung es gut aufnehmen wird, dass ich wieder da bin. Zu Hause ist da, wo es kein Ereignis gibt. Das habe ich mir mühevoll erarbeitet. Meine Eltern waren ereignisreiche, aufwendige Persönlichkeiten. Ein ereignisloses Zuhause gehört zu den Errungenschaften meines Erwachsenenlebens. Ich habe viele Männer gebraucht, um herauszufinden, dass ich das mehr brauche als alles andere. Lange habe ich unbewusst einen Partner gesucht, der bei totaler Ereignislosigkeit dieselbe Freiheit empfindet wie ich, der wie ich Ereignisse zum Leben braucht wie Luft zum Atmen – aber auf keinen Fall zu Hause. Ich gehe viel auf Reisen, ich verausgabe mich, und zu Hause dann Stille. Haushalt, Wäsche am Dienstag, Licht aus um zehn – ein Traum. Ein geheimer Traum jedoch, den ich nie verraten würde, das wäre peinlich und nicht sehr gastfreundlich. All das will ich auf keinen Fall sein, ich will nur zu Hause langweilig sein.

Das Taxi biegt in meine Straße. Der Finger in der Tasche brennt noch, doch alles in allem hätte es neurosenmäßig wesentlich schlimmer kommen können. Ich halte den Schlüssel fest in der Hand, während ich bezahle und das Gepäck aus dem Kofferraum hebe. Ich will ihn heute nicht wie beim letzten Mal versehentlich loslassen und im Gully neben der Haustür verschwinden sehen. Heute will ich die Tür aufschließen und einfach nach Hause kommen wie andere Leute auch. Im Aufzug verzeihe ich mir meine Nervositäten. Manche haben Sinusitis, ich habe Schlüsselitis, kein Grund, mich und meine Eltern andauernd anzuschwärzen.

Ich habe eine Sicherheitstür einbauen lassen, die mir heute noch schwerer vorkommt als sonst. Ich spüre Widerstand. Was steckt hinter der Tür und lässt mich nicht rein? Wohnungen, die zu lange allein gelassen werden, erarbeiten sich ein Eigenleben, ich weiß es genau. Verlassen von ihren Bewohnern, fangen die Gegenstände an zu kommunizieren. Sie entwickeln Freundschaften und Antipathien, manchmal auch Gruppenzwang und Trotz. Heute fühle ich mich in meiner tiefsten Sorge bestätigt: Meine Wohnung will mich nicht haben. Ich muss mir ein Herz fassen und auf die Wohnung zugehen. Langsam schiebe ich die Tür weiter auf und murmele dabei aufmunternde Worte: dass ich jetzt da bin und auch da bleibe, dass ich gern Leute einladen kann, damit wir nicht miteinander allein sein müssen, die wütende Wohnung und ich.

Ich kriege die Tür so weit auf, dass ich meinen Kopf durch den Spalt zwängen kann, und dann sehe ich das Hindernis: Es ist das Bild, Hannas Kunstkauf. Links im Flur lehnt es normalerweise friedlich an der Wand. Ich habe es nie aufgehängt, gelehnt erschien es mir lässiger, angebrachter. Jetzt ist es in meiner Abwesenheit umgefallen. Hanna hatte das Bild nach einem Sommertag am See bei einem Maler gekauft. Wir Töchter sind danach über sie hergefallen, weil sie dafür so viel Geld ausgegeben hatte. Nach Hannas Tod wollte es erst keine von uns haben. Schließlich habe ich es genommen.

Hat Hanna das Bild im Flur von der Wand gehauen, während ich weg war, um mir etwas Wichtiges zu sagen? Meine tote Mutter in meinem Kopf tut nämlich das, was meine lebende Mutter so gut wie nie tat – sie passt auf mich auf. Sie gibt mir ungemein gute Ratschläge in allen wichtigen Entscheidungsfragen. Natürlich ist sie nicht wirklich ein Geist – so nervös bin ich nicht, dass ich an Geister glaube, aber ich lebe mit ihnen. Geister sprechen mit Zeichen. Ein umgeschmissenes Bild, eine zerbrochene Vase. Manchmal verstehe ich, manchmal nicht. Heute verstehe ich nicht. Ich stehe in der Tür und habe zu viel im Kopf. Schließlich komme ich von einer Beerdigung und nicht von einer Gastspielreise mit meiner Theatergruppe.

Ich habe Hunger. Erst mal ankommen, denke ich und winde mich durch den Türspalt am Bild vorbei. So oft höre ich das –

«erst mal ankommen». Ich habe nie verstanden, was das eigentlich heißen soll. Es ist ein bisschen wie «Nur kein Stress». Man hat noch gar nicht angefangen zu hyperventilieren, vielleicht hat man es auch gar nicht vor, ist vielmehr weit davon entfernt, und trotzdem sagt irgendwer ungefragt: «Nur kein Stress.» Sofort werde ich nervös.

Dennoch denke ich angesichts des umgefallenen riesigen Bildes im Flur: Erst mal ankommen. Das heißt für mich direkter Gang zum Kühlschrank. Ich habe im Bahnhof eingekauft. Beim Ausräumen der Supermarkttüte stecke ich in jede Packung kurz meine Finger rein. Ich öffne die Frischkäsepackung und beschmiere eine Scheibe Knäckebrot. Es ist etwas mühsam, im Mantel und mit Mütze im Stehen vor dem Kühlschrank zu essen, aber es geht nicht anders. Ich habe das Ausmaß der Verselbstständigung der Wohnung noch nicht erkundet. Besser, ich behalte den Mantel gleich an, für den Fall, dass ich sofort wieder aufbrechen muss, um Glühbirnen zu kaufen, Spülmaschinentabs. Oder um einfach fliehen zu können vor eventuellen Rachezügen meiner Räume.

Schnell, hastig fliegen die Happen in meinen Mund. «Wie die gebratenen Hühner», sagte Hanna, wenn wir das zusammen machten. Ungeschickt, mit fahrigen Fingern fischte sie in den unzähligen Plastikverpackungen in den Kühlschrankregalen herum. Das rundum abwaschbare Essen war ihr Schlaraffenland. Dazu sagte sie oft Gedichtverse vor sich hin. Das ist mein immaterielles Erbe: Jamben, Trochäen und Essen vor dem Kühlschrank. Und die aufgeladene Nervosität, wenn ich von einem Zustand in den anderen übergehen soll.

Ich habe in fast alles einmal reingebissen und bin trotzdem nicht befriedigt. Ich greife wieder nach dem Frischkäse mit dem umständlichen Aludeckel, den man abreißen, abwaschen, sammeln und dann getrennt entsorgen sollte. Nachdem ich das in der Schule gelernt hatte, fing ich an, Hanna mit Vorwürfen zu ihrem schlechten Konsumverhalten zu traktieren. Sie hatte mir hartnäckig jahrelang keine Markenkleidung gekauft, weil sie gegen Markenkonsum war, und nun konnte ich ihr Supermarktverhalten angreifen. Ein Geschenk des Himmels. Oder des Sachkundeunterrichts. Hanna und ich stritten ein gesamtes Mittagessen über den Sinn, Aludeckel zu sammeln. Hanna fand das spießig und armselig. Nach dem Krieg hatte es nichts gegeben, was man wegwerfen durfte. Alles wurde aufgehoben und auf weitere Verwendungsmöglichkeiten hin begutachtet. Wer etwas aufhob, war nicht nachhaltig, sondern zeigte seine Armut, offenbarte sein Desaster, den Verlust, legte den Blick frei auf das Furchtbare, das die schlimmen Handlungen der Elterngeneration hervorgerufen hatten. Wer Plastik benutzte und jeden Tag viel wegschmiss, war aufgeschlossen, modern und antifaschistisch eingestellt. So stelle ich mir ihre Gemütslage vor, die Grundeinstellung: Alles musste ganz anders sein als bei der Generation ihrer Eltern. Alles, was daran erinnerte, war falsch.

Mittagessen mit Hanna allein – wie lange habe ich daran nicht gedacht. Das war später, als sie ausgezogen war. Als die Schwestern ausgezogen waren und danach Hanna. Es war die Nachfamilienzeit, nur dass ich noch zur Schule ging und nicht wusste, was das alles sollte. Ich denke selten daran zurück, und ich esse nie mittags.

Ich stehe unschlüssig neben dem Kühlschrank. Der Einkauf ist eingeräumt, ich sollte endlich Mantel und Schuhe ausziehen. Aber Übergänge brauchen Zeit. Vom Bahnhof ins Taxi. Vom Taxi ins Haus. Vom Flur in die Wohnung. Ein Übergang nach dem anderen. Eine Sache geht zu Ende, eine andere beginnt, und in der Mitte dieses winzige Zwischenreich von Abschied und Neuanfang. Sekunden. Eigentlich nicht spürbar, aber eben doch.

Gestern, in der Nacht nach der Beerdigung, bin ich von dem Satz aufgewacht «Wir haben Hanna am Gleis vergessen». Wer ist WIR?, habe ich mich gefragt. Und welches Gleis? An welchem Gleis wurde Hanna vergessen? Am Bahnhof von Dresden damals bei der Flucht? War das gemeint?

Sie hielt am Bahnhof ihre drei jüngeren Geschwister an der Hand, auf die sie aufpassen sollte, so Hannas gängigste Erzählung dieser Situation. Ich stelle mir das so vor: Die achtunddreißigjährige Mutter und spätere Oma Tita ist nicht zu sehen. Die kleine Hanna überlegt kurz, ob sie mit den Geschwistern ausgesetzt wurde. Davon hat sie schon gehört. Sie versucht, die Überschriften auf einer Zeitung zu lesen, die jemand neben ihr unter den Arm geklemmt hat. Rechts und links, vorne und hinten, überall hastende, schubsende Erwachsene, Koffer, manchmal Rotkreuzhelfer, die Kellen mit heißem Wasser als Nahrung austeilen. Wie sie mich später verachtet hat, als ich von einem ayurvedischen Yoga-Retreat in der Eifel mit der Zauberlösung für alle Probleme zurückkam: jeden Tag ein bisschen heißes Wasser trinken.

Oma Tita rennt herum, soweit das auf dem überfüllten Bahnsteig möglich ist, um rauszukriegen, ob ein Zug Richtung Westen geht, Richtung Hessen, so wie ihr Mann es ihr gesagt hat, der große Papi, unser Großpapi, dessen Nachhall in der Familie von Widerstandskämpfer bis kaltblütiger Mörder im Russlandfeldzug reicht.

Hat Hanna bis zu ihrem Tod auf diesem Bahnsteig gestanden und gewartet, dass sie von ihrem Papi abgeholt wird?

Hatte Bow das verstanden und sie in seinem selbst gebauten Kokon ankommen lassen und beschützen wollen? War das Missverständnis zwischen ihnen beiden deswegen von Anfang an so groß gewesen? Hanna wollte nicht beschützt werden – höchstens vor Haushaltsarbeit. Hanna war aushäusig und nicht inhäusig.

So viele Erinnerungen. In Teilen, Fetzen, Stückchen. Vielleicht gelingt es mir, eine Zeitleiste herzustellen, an der ich ablesen kann, was passiert ist, wie eine Geschichte auf die andere folgt und was alles dazu beigetragen hat, dass Hanna am Ende in der Flaschenpost gelandet ist.

Ich schaue an mir hinunter. An den Stiefeln klebt noch die Erde vom Friedhof. Der feuchte Lehmboden ist zu einer unansehnlichen Kruste getrocknet. Nachdem alle Gäste gegangen und nur die Schwestern, die Väter und ich im *Tannenhof* übrig geblieben waren, wurde es sehr schön. Es hatte angefangen, in Strömen zu regnen, und trotzdem haben wir uns mitten in der Nacht gegenseitig über den niedrigen Friedhofszaun gehievt, um Bow noch einmal zu besuchen. «Passt auf mit euren Schuhen», habe ich geflüstert. «Sind das meine alten Prada-Stiefel?», hat Laura gefragt. «Die hast du mir weitergegeben», habe ich geantwortet und bin näher an Roberto herangeschlichen. Wofür sich Papa Bow bei Hanna entschuldigt haben soll, wollte ich ihn fragen, tat es aber nicht. Warum hatte er das gesagt? Was wusste er von der Ehe meiner Eltern? Hatte er mit Hanna viel Kontakt gehabt? Oder mit Bow, nachdem der zum Einsiedler am Zikadenweg geworden war? Waren sie im Alter wieder richtige Freunde geworden?

Roberto war der entspannteste von allen Vätern gewesen. Einmal durfte ich mitfahren, als Lotta in den Ferien zur Großmutter nach Sizilien geschickt wurde. Lottas Großmutter war von Hanna begeistert gewesen, nur in den Jahren der Ehe mit Bow nicht so sehr. Sie verstand nicht, warum sie sich ständig mit dem Haushalt herumschlug und zu Lesekreisen von anderen Architektenfrauen ging. «Eure Mutter ist faul», sagte sie. «Ein großes poetisches Talent, und dann kleine deutsche Hausfrau spielen. Warum tut sie das? Sie ist faul, das ist die einzige Erklärung. Kunst ist hart. Dichterleben sind nicht einfach.»

Ich wusste damals nicht, wovon sie redete. Meine Mama ist keine Dichterin, dachte ich, die Lotta-Oma musste da etwas verwechselt haben. Meine Mama war für mich Mama und Bibliotheksaufpasserin. Und soweit ich es bis dahin verstanden hatte, hatte die Großmutter nach Lottas Geburt dafür gesorgt, dass Roberto die Erbin eines anderen Verlags kennenlernte, der etwas größer war als der eigene, und dass niemand dagegen war, dass die neue Liebe unausweichlich wurde, bis am Ende Hanna und Roberto geschieden und die beiden Verlage vermählt wurden. Doch war Hanna nicht böse auf Roberto, nie verlor sie ein schlechtes Wort über ihn. Sie hatte ein eigenartiges Verständnis für die Verlagsehe.

Auch mit Klaus verstand sie sich nach der Scheidung gut. Keiner von beiden fand, ihre Verbindung müsse deswegen belastet sein. Sie telefonierten oft miteinander und freuten sich gemeinsam über Lauras schulische Erfolge. Das Telefon stand im Flur des Architektenhauses. Hanna sprach viel und lange, sie hatte ein endloses Netz von Freunden, Verwandten und Bekannten. Beim Reden ging sie mit dem orangefarbenen Apparat auf und ab. Oft verstrickte sie sich mit den Beinen in der langen Schnur und hedderte dann lachend daran herum. Überhaupt lachte sie viel am Telefon. Der Flur wurde mit jedem Anruf größer und bunter und offener, als er tatsächlich war. Wenn sie mit Klaus sprach, lachte sie besonders viel und laut. Dann schlichen Bow und ich mürrisch an ihr vorbei, zischten Grüße in den Hörer und fühlten uns trotzdem angegriffen von der Gegenwart dieser Telefonstimme in unserem Haus.

Hanna behandelte ihn wie einen kleinen Bruder, der zu ihr aufschaute. Und das tat er wirklich. Er bewunderte Hanna aufrichtig für die gemeinsame Tochter Laura. Wenn Hanna auflegte, war sie vergnügt und summte oft Lieder aus Operetten vor sich hin – Operetten, die sie uns vorenthielt, weil sie angeblich zu banal waren. Doch bemerkte sie durchaus die Nervosität, die ihre Telefonate ins Haus brachten. Manchmal ging sie danach in Bows Arbeitszimmer und setzte sich lachend auf seinen Schoß, um ihn zu besänftigen. Er reagierte schüchtern und beeilte sich zu betonen, wie sehr er Klaus vermisse. Und wie lustig es damals zusammen in Heidelberg gewesen war. Und wie schön es sei, dass sie einander alle immer noch hatten.

Irgendwann setzte sich Hanna nicht mehr auf seinen Schoß, und Bow redete an ihrer Stelle mit Klaus. Er riss ihr den Hörer förmlich aus der Hand, wenn Klaus anrief. Die Gespräche über Laura wurden kurz gehalten, und Bow brachte die Konversation mit Klaus auf andere Themen. Er schob Hanna ungeduldig in die Küche und murmelte dazu Sätze wie: «Sind deine Töchter nicht hungrig?» Das passte jederzeit, denn wir Heranwachsenden waren ununterbrochen hungrig: nach Aufmerksamkeit, geschmolzenem Käse und Mittagessen nach der Schule. Das hatten wir trainiert. Nach der Schule das gemeinsame Mittagessen, erst dann geht der Tag weiter.

Beim Mittagessen sprach Bow so viel wie früher an jenen Abenden, als er sich die Orangenboote in den Mund geschoben hatte. Jetzt wurden die Mittagstische zu einem endlosen

Monolog über Architektur und Aufbau. Laura war die Einzige, die zuhörte. Nachdem sie ausgezogen war, wurden Bows Auftritte schwieriger. Er hatte sein bestes Publikum verloren. Hanna versuchte, in jede Atempause hineinzusprechen. Ihr Ansatz war Scherzhaftigkeit, verbunden mit Fragen an Lotta und mich, damit wir auch sprachen. Lotta saß meistens stumm da und sah wundervoll aus. Ich konnte gar nicht weggucken, so schön war sie, während ich selbst noch wie ein schusseliger kleiner Junge aussah. Sobald Hanna den Mund aufmachte, hob Bow die Stimme und redete einfach weiter.

Dann wurde Hanna wütend. Erst still und heimlich, fast wie hinter ihrem eigenen Rücken, dann immer offensichtlicher. Voller Verachtung öffnete sie nun jeden Mittag eine Dose Erbsen und Möhren, schmiss Kartoffeln mit Schale ins Wasser und zerrupfte einen Eisbergsalat, den niemand essen wollte, in ungenießbar große Teile, die sie mit Fertigsoße übergoss. Irgendein Fleisch landete geräuschvoll in der Pfanne. Jeden Tag Fleisch, Kartoffeln, Erbsen und Möhren und Eisbergsalat. Die halbe Stunde zwischen Nachhausekommen und Mittagessen wurde nach Lauras Auszug für Lotta und mich zum Überlebenskampf.

Einmal kam ich nach der Schule zur Tür rein, und die Dunstabzugshaube in der Küche dröhnte lauter, als sie es sonst tat. Hanna stand im Flur, mit ein paar Schals nach Lotta schmeißend.

«Guck dir diesen Schrank an. Von oben bis unten vollgestopft mit Quatsch. Kaufen, das ist das Einzige, was ihr macht. Der Flur sieht aus, als wären wir auf der Flucht oder würden Lumpen für die Heilsarmee sammeln», schrie Hanna.

Lumpen sammeln für die Heilsarmee, ich kannte das nur

aus Schwarz-Weiß-Filmen über den Krieg. Als Teenager ging ich davon aus, dass für Hanna das Gleiche galt. Ich dachte nie, dass die Kriegsfilme in ihrem Kopf ihre eigenen Erinnerungen waren.

Lotta stellte sich an den geöffneten Schrank und faltete halbherzig einzelne Schals zusammen. Hanna ging an ihr vorbei, sah ihr kurz in die Augen und fegte dann mit einem großen Schwung alles, was noch im Schrank war, auf den Fußboden. Lotta versank in einem Berg aus Schals, Tüchern, Handschuhen, vieles davon noch aus unserer Kindheit. Wir waren modebewusste Teenager, wir kauften und kauften und trugen die Sachen nicht lange. Hanna hatte vollkommen recht, doch ich hasste sie in diesem Moment. Ich hasste sie, weil ich nach Hause kam von der Schule und meine Ruhe haben wollte. Die Stunden waren anstrengend gewesen, ich hatte einen bequemen Mittag verdient. Ich erwartete mein fertiges Essen auf dem Tisch, so wie Bow es erwartete oder sein Vater in Hessen es damals erwartet hatte.

Papa Bow war noch nicht aus dem Büro zurück, und Hanna und Lotta drehten auf. Weinen. Schluchzen. Wehklagen. Gegen den Lärm der Dunstabzugshaube, gegeneinander. Hanna war lauter. Lotta fand es ungeheuerlich, dass ihre Mutter lauter heulte als sie.

«Der Tisch ist noch nicht gedeckt», schrie Hanna.

Ich war stinksauer und fing an, mit der inzwischen dramatisch schluchzenden Lotta Schals und Tücher einzusammeln. Wutentbrannt stopften wir alles, was wir greifen konnten, zu einem einzigen Knäuel zusammen und pressten es in die hinterste Ecke des Einbauschranks. Davor legten wir eine Wand aus sauber aufgetürmten Handschuhen an. Erkennbar aufgeräumt, die Schranktür ging wieder zu.

Lotta und ich haben diese Schals nie wieder angerührt, der Schrank war zu einem Schrein des Wahnsinns geworden. Als Papa das Haus verkaufte, um nach Berlin zu ziehen, hat er die Schrankfront zu einer Tischplatte umarbeiten lassen. «Das schöne Walnussholz», sagte er, «wie lange habe ich nach genau dieser Maserung gesucht.» In all den Jahren im Zikadenweg hat er sein Mittagessen allein an dieser Schranktür gegessen.

Eines Tages, als Hannas Mittagswut so groß geworden war, dass sie selbst anfing, sie zu bemerken, versuchte sie, was sie immer versuchte, wenn die Lage schwierig wurde: einen Trick. Der Trick, den sie sich ausgedacht hatte, hieß: Kochtage. Die Töchter müssen kochen lernen, entschied sie, was Bow sofort einleuchtete. Der Trick ging noch weiter: Der Samstag wurde zu Bows Kochtag ernannt. Es war der einzige Tag in der Woche, an dem er nur selten und auch nie länger als bis Mittag ins Büro ging, dafür aber gern legerer als sonst, aber dennoch stets korrekt gekleidet zu Hause am Schreibtisch saß, um an seinem Lebensthema zu arbeiten. «Bow, du musst kochen lernen», sagte Hanna so ernst wie einnehmend. «Mir kann jederzeit etwas passieren, und wie willst du dann an etwas Essbares kommen?» Es entspann sich eine längere Diskussion über Zugehfrauen, Essen auf Rädern und Kantinen sowie Mittagstische in Restaurants, doch Hanna war vorbereitet, antizipierte jedes Argument, hatte auf alles eine Antwort und war kalt und gelassen genug, alles, was sie vorbrachte, als einen Vorschlag darzustellen, den sie von Bow aufgegriffen hatte. Jedes Wort, das aus seinem Mund kam, um ihr etwas entgegenzusetzen, verwandelte sich auf dem Weg zu Hannas Ohr in ein dunkles, scharfes Geschoss, das sich direkt zurück auf ihn richtete, seine Wünsche, Diktate und Einwände. Ich saß daneben und hätte mit einem Besen die Trümmer seiner Argumentation zusammenfegen können. Irgendwann dachte er, es sei alles seine Idee gewesen, und war mit allem einverstanden.

Vielleicht war das Hannas letzte Familienschlacht. Ihr letzter großer Einsatz, bevor die Wut sie ganz und gar packte und wie ein Tsunami nach einem kurzen Moment der Stille und Harmonie ihr bisheriges Leben wegschwemmte. Ein Tsunami der Wut und der Empörung über die ihr zugedachte Rolle der cremefarbenen Gattin. Der Sturm, der sie rausspülte aus dem angenehmen Bungalow, aus den Architektengattinnenlesekreisen und dem Zuhören. Sie wollte nicht mehr zuhören, sie wollte gehört werden. Sie wollte hinein in eine Welt ihrer eigenen Wörter. In ein unendliches Labyrinth würde sie ziehen, bestehend aus den geräumigen Höhlen ihrer Gedanken, Palästen mit gigantischen Kuppeln aus Worten. Endlich kam ihre Energie zu ihr zurück. Ihre ungeheure Energie, die jahrelang an Reißverschlüssen von Kinderanoraks verpufft war und sich in unfreiwilligen Kinnhaken entladen hatte. Sie verteilte die Kochtage und verschaffte sich damit die ersten Schritte hin zu einer neuen Welt. Lotta Montag und Mittwoch, ich Dienstag und Donnerstag, sie selbst am Freitag und am Samstag Bow.

Jeden Samstag gingen wir nun zum *Wienerwald*. «Ich weiß nicht, warum von euch niemand darauf kommt, *so* zu kochen», war Bows Kommentar. Er lachte, und Lotta und ich lachten auch. Es war für uns eine lustige Vorstellung, an unseren Kochtagen von unserem Taschengeld Essen beim *Wienerwald* zu holen. Dienstags und donnerstags gab es von nun an Rührei mit Brot, das Einzige, was ich zu bieten hatte. Zur Einschulung hatte ich einen Wecker bekommen, um meine Frühstücksroutine allein hinzukriegen wie die Großen vor mir. Zur Kocheinschulung bekam ich ein verschmiertes, vergilbtes Taschenbuch, das Oma Dörrge Hanna zu ihrer ersten Hochzeit geschenkt hatte: *Was Männern so gut schmeckt.* Es blieb dennoch beim Rührei. Ich durfte an meinen Kochtagen selbst bestimmen, und ich war für Regelmäßigkeit. Papa sagte nichts, Hanna fand es großartig, und Lotta hatte sich nicht zu beschweren. Sie hatte es sowieso leichter als ich mit ihren Kochtagen. Von den italienischen Verwandten fühlte sie sich zu Pasta inspiriert. Da gab es Soßen aus dem Glas oder der Dose, und alles war einfach.

Um den Einkauf kümmerte sich Hanna weiterhin, wir mussten nur bis Sonntagabend um zehn unsere Bestellungen abgeben, sonst wurde sie schwierig. Da hatte ich es wiederum leichter als Lotta. Sonntags vor dem Schlafengehen, fünf vor zehn, notierte ich auf einem Zettel Eier, Speck, Brot und «Guck mal nach, ob noch genug Öl da ist». Ich erwog kurz, den Zettel in der Schule zu fotokopieren und jeden Sonntag eine Kopie bei Hanna aufs Kissen zu legen.

Beim Essen selbst blieb alles beim Alten. Bow erzählte von Architektur und Aufbau, wahlweise Emigration, von den Reisen nach Amerika und Moskau, die ich von Hannas Postkarten und den Erzählungen kannte. Moskau – das war Hannas Stichwort. Sie hob an, aber Bow fiel ihr ins Wort und wandte sich an Lotta.

Lotta saß steif auf ihrem Stuhl und antwortete nur das Nötigste. Ich rief, dass wir im Religionsunterricht *Wir Kinder vom Bahnhof Zoo* lasen und dass die Kinder dort in der Gropiusstadt wohnten, in Hochhäusern mit unzähligen Menschen, und dass das die Kinder drogenabhängig mache. Bow unterbrach mich mit einer weiteren Frage an Lotta. Er gab sich

Mühe, sie aus ihrer Angespanntheit herauszulotsen und eine nette Konversation mit ihr zu führen. Hanna wurde umso unruhiger, je steifer Lotta wurde. Bow warb um Lotta und lockte mit schmeichelnden Fragen, doch sie antwortete schroff, als müsse sie das Gespräch mit Bow abwehren, um nicht erkannt zu werden oder um nichts Falsches zu sagen. Ich wurde auch stetig nervöser. Bow ignorierte mich, sein Scheinwerfer war allein auf Lotta gerichtet. Ich saß am dunklen Rand des Lichtkreises, und Hanna saß so weit davon entfernt, dass sie schon gar nicht mehr existierte.

Plötzlich berührte mich etwas am Arm. Ich drehte mich um: Hanna mit roten Wangen.

«Ob du mir mal das Rührei reichen kannst, frage ich dich gerade zum zehnten Mal.»

«Entschuldige», murmelte ich genervt, «ich höre hier zu.» Ich langte quer über den Tisch nach der Pfanne, die Lotta mir anscheinend schon etwas länger hinhielt, und wollte sie an Hanna weitergeben. Aber ihr Stuhl war plötzlich leer. In der Küche fiel mit lautem Knall etwas auf den Kachelboden.

Ich half Hanna nun öfter beim Einkaufen, denn mit der Liste vom Sonntagabend war das keine stressige Aufgabe mehr. Hanna freute sich darüber. Im Supermarkt neben dem Einkaufswagen erfuhr Hanna alles über mich und meine Freundinnen, und wir hatten einen kleinen Moment nur für uns. Nach dem Einkaufen fuhren wir zur Tankstelle. Hanna hatte die Ente gegen einen goldenen Golf eingetauscht, nachdem sie zur cremefarbenen Gattin geworden war. Sie traute sich nicht mehr, mit einem kleinen Kanister Benzin im Kofferraum herumzufahren. Wenn ihr jemand drauffühthe, würde der Kanister Feuer fangen, sagte sie. Ob das nicht mit der Ente genauso gewesen sei, fragte ich. Bestimmt nicht, meinte Hanna, auf ihre Ente wäre niemand draufgefahren.

Auch die Tankstelle hatte sich verändert. Der olle Petter war gestorben, und sein Sohn hatte übernommen. Er war in Hannas Alter. Wie sein Vater war der junge Petter ein geduldiger Zuhörer, der nie widersprach. Es war vor allem Hanna, die redete. Sie erzählte von den gemeinsamen Erlebnissen der toten Väter im fernen Russland, und der junge Petter hörte sich alles an. Vielleicht war er schüchtern. Vielleicht war er Hannas Charme erlegen. Vielleicht hatte er nie mit dem Vater über die Vergangenheit gesprochen und war froh, etwas zu erfahren.

Die Geschichten, die Hanna erzählte, waren immer die gleichen, aber niemals identisch. Fiel das nur mir auf oder auch dem jungen Petter? Und wenn es ihm auffiel, warum sagte er nichts? Hanna schob mir eine Boulette vom Tresen zwischen die Zähne, als ich sie auf die Widersprüche hinwies, und redete weiter auf den jungen Petter ein.

Lotta machte Abitur, sehr spät, sehr langsam. Roberto hatte Bow irgendwann Kostgeld für Lottas Leben in seinem Haushalt angeboten, und das hatte Bow beruhigt. «Das Geld hat Roberto mir nie bezahlen müssen», betonte er. «Ich nehme kein Geld von meinen Freunden, aber ich hätte es nehmen können, und ich hätte es auch verdient gehabt.» Lotta dabei zuzusehen, wie sie das Gymnasium trotz ihrer Intelligenz kaum schaffte, erinnerte Bow daran, wie Roberto damals in Heidelberg sein Studium beinahe nicht zu Ende gebracht hatte.

Auch mit dem Ausziehen ließ Lotta sich Zeit. Aber irgendwann saßen wir zu dritt am Mittagstisch. Seit der Erfindung der Kochtage war bis hierhin alles ruhig verlaufen. Der schwarze Hund hatte eine Pause genommen, die Mittagswut war auf einen übersichtlichen Haufen winziger Ereignisse geschmolzen, und die Dunstabzugshaube war nie wieder so laut geworden, dass Hanna sie überschreien musste. Hanna hatte keine weiteren Sachen in der Küche auf den Boden geschmissen, Bow hatte ihr schon lange nicht mehr den Telefonhörer aus der Hand gerissen, und einmal waren sie sogar abends zusammen ausgegangen und lachend Hand in Hand nach Mitternacht zurückgekommen. Der Sturm brach noch nicht los. Wie kann das sein?, frage ich mich heute. Wie hat er so still und stumm in Hanna aufziehen können? Still und stumm wie das Männlein im Walde in dem Lied, das sie auf langen Autofahrten mit uns Töchtern gesungen hatte, als wir klein waren und unterhalten werden wollten.

Dann passierten hintereinander vier Dinge, die mir gleichzeitig einfallen. Vier Ereignisse, die ich in die richtige Reihenfolge bringen muss, um sie zu verstehen.

Ich glaube, es fing an mit meinem ersten Minirock. Viel zu früh für mein Alter. Dazu meine ersten Schuhe mit Absatz und meinen ersten BH. Ich hatte alles allein in der Fußgängerzone besorgt, denn ich versuchte, den Einkleidungsexkursionen mit Hanna zu den Jahreszeitenwechseln zu entgehen, wo ich nur konnte. Was verstand sie schon von Klamotten? Sie war Mama. Dass sie möglicherweise glücklich darüber war, mit keinem Kind mehr einkaufen zu müssen, kam mir damals nicht in den Sinn – was weiß ein Kind schon von seinen Eltern?

Beim Mittagessen versuchte ich nun, Lottas Platz einzunehmen. Ich saß auf dem Stuhl, auf dem sie gesessen hatte, und ersetzte an meinen Kochtagen Rührei durch Pastagerichte, die ich mir von ihr hatte zeigen lassen. Ich wollte von Bow gelockt und befragt werden, wollte sein bestes Publikum sein.

Lotta war steif und kantig gewesen, ich wollte charmant und aufgeschlossen gegenüber allem sein, was Bow zu sagen hatte, um im Mittelpunkt seines Scheinwerferlichts zu stehen.

Doch Bow richtete den Lichtkegel auf Hanna. Seit dem ersten Tag ohne Lotta hatte Hanna grell beleuchtet auf ihrem Platz gesessen – allerdings ohne Mikrofon. Nie stellte Bow Hanna Fragen. Er sprach und erklärte Hanna das Leben und die Welt – Erklärungen, die sie nicht verlangt hatte, die sie nicht brauchte. Sie trieben ihr die Tränen in die Augen, genauso wie die vielen unterschlagenen Sätze, die sie selbst hätte beitragen können. Und ich saß ihr gegenüber im Dunkeln und brannte vor Eifersucht.

Die Sache mit Lottas Zimmer muss danach passiert sein. In meiner Erinnerung trage ich den neuen Minirock dabei. Wie nach Lauras Auszug hatte Lottas Zimmer erst einige Zeit leer gestanden. Aus Anstand gewissermaßen. Wir waren alle drei im Flur, als Bow es ansprach, achtlos und im Vorbeigehen. Ich hatte lange auf diesen Moment gewartet. Bei wichtigen Vorhaben, die von Bows Entscheidung abhingen, galt es, den günstigsten Moment abzuwarten, so viel hatte ich mir von Hanna abgeguckt. Nur wusste ich nie, wann der günstige Moment war. Aber dies schien einer zu sein – ich griff danach wie ein schlechter Schwimmer nach einer Boje.

«Wir können die Wand zu meinem Zimmer einschlagen, dann ist es doppelt so groß.»

Die Eltern antworteten nicht, Hanna sah mich ausdruckslos an.

Zu dem neuen Minirock trug ich einen schwarzen, spitzen BH, darüber ein sehr durchsichtiges weißes T-Shirt. Ich fühlte mich sicher, aber nicht nur das: Ich fühlte mich auch sexy. Eine gute Voraussetzung, um etwas einzufordern.

Bow sprach als Erster: «Keine schlechte Idee», sagte er langsam, aber schnell genug, um Hanna das Wort abzuschneiden. Er öffnete die Tür zu Lottas Zimmer. Ihre Sachen waren fast vollständig ausgeräumt, nur ihren Schreibtisch mit ihren Büchern und ihrem ersten Computer darauf hatte sie stehen lassen.

«Wieso hat sie das dagelassen?», fragte ich verwirrt.

«Hat sie nicht», sagte Hanna schnell, ihre Antwort war scharf wie eine Papierkante, die die dicke Haut einer Fingerkuppe durchschneidet. «Das ist mein Computer. Ich schreibe hier. Das ist mein Arbeitszimmer.»

Sie drehte sich um und ging in den Garten. Bow atmete laut aus.

Am Wochenende darauf standen Bow und ich in Arbeiteranzügen und mit Schutzbrillen in Lottas vollständig ausgeräumtem Zimmer und schlugen die Wand ein. Hanna half mir, mein so entstandenes neues Zimmer einzurichten, und sagte kein Wort zur Verlagerung ihres Computers in den Flur, neben das Telefon, wo ihr Bow einen Schreibtisch hingebaut hatte. Nun könne sie im Sitzen telefonieren, meinte er, und Hanna schien damit einverstanden zu sein. Lediglich, dass sie unmöglich in Ruhe arbeiten könne, wenn ständig jemand an ihr vorbeilaufe, bemängelte sie einmal. Doch ohne viel Nachdruck.

Dann die Premiere von *Salomé*. Das Wandeinschlagen muss wenige Tage oder Wochen davor gewesen sein. Ich sehe Hanna vor mir, wie sie an dem neuen Tisch im Flur sitzt, mit Klaus telefoniert und ihn und uns zu Lauras erster großer Premiere miteinander verabredet. *Salomé*, Lauras erste Titelrolle – ein Wort, das ich bisher nicht gekannt hatte und das etwas besonders Bewundernswertes zu bezeichnen schien. Hanna sagte es mehrmals hintereinander: Titelrolle – mit einem lang gezogenen I aus flatternder Seide und einem Wasserfall aus eiskaltem Champagner nach dem O.

Wir trafen uns mit Klaus schon vor dem Theater auf ein Getränk. Klaus und Hanna tranken Champagner und kicherten und lachten ununterbrochen. Bow und ich waren weniger erregt. Bow zupfte hin und wieder an meinem Rock, der kaum meinen Hintern bedeckte, und versuchte, ihn nach unten zu ziehen. Darunter trug ich zerrissene Netzstrümpfe und sehr hohe Stiefel. Hannas lange rote Stiefel.

«Ich kann nicht fassen, dass du mit denen früher in die Bibliothek gegangen bist», sagte Bow.

Hanna lachte noch mehr. «Die Siebziger», rief sie, «die Siebziger!»

«Gut, dass wir da noch keine Hotpants kannten», murmelte Bow und zupfte wieder an meinem Rock.

«Der soll so kurz sein», sagte ich schroff.

«Ich weiß», sagte Bow beleidigt.

Ich war schroff, weil ihm mein Rock nicht gefiel. Ich hatte mir vorgestellt, dass er mich bewundern würde in meinem Outfit. Zu Hannas Stiefeln hatte ich ein altes Hemd von ihm über einem orangen Bikinioberteil kombiniert. Das musste er doch cool finden: sein Hemd über meinem Bikini. Ich wusste, warum ich schroff, aber nicht, warum er beleidigt war.

TITELROLLE, hörte ich es wieder durch den Raum flirren. Hanna und Klaus hatten die Gattin eines Schauspielers im Vorbeigehen angehalten. Die Frau von Herodes, eine Herodias im echten Leben. Nach diesem Abend würde ich alle Erwachsenen in Herodesse und Herodiasse einteilen. Es gab ein kurzes Gespräch zwischen den stolzen Eltern und der nicht minder stolzen Gattin. Bow und ich standen ausgeschlossen und unnütz daneben. Wir waren froh, als wir endlich im Dunkel des Zuschauerraumes in die Sessel sinken durften und das Bühnengeschehen uns unsere Gegenwart abnahm.

Laura war auf der Bühne kaum wiederzuerkennen. Sie sah umwerfend aus in ihrem sehr engen, goldenen Kleid mit Schleppe, am Rücken ganz ausgeschnitten, um den Hals gehalten von einer kleinen, goldenen Kette. Die Herodias im Stück sah eher aus wie Hanna an Tagen, an denen sie keine Lust hatte, sich anzuziehen, den Tagen mit rostfarbenem Rollkragenpullover und rostfarbener Hose, langweilig und unscheinbar. Herodes hingegen war ungeheuer attraktiv. Er erinnerte mich an David Bowie in seinem berühmten hellen Anzug mit blauem Hemd und getupfter offener Fliege, ein Anzug wie für Marlene Dietrich, der die Androgynität seines Trägers noch unterstrich.

Der Höhepunkt des Theaterstücks ist der Tanz der sieben Schleier, den Herodes von seiner anmutigen heranwachsenden Tochter verlangt. Die Tochter fordert als Belohnung die Köpfung des Jochanaan. Laura kam dazu in einem klassischen Smoking und mit Kurzhaarperücke auf die Bühne. Dennoch wurde Herodes beinahe ohnmächtig angesichts der Verführungskraft Salomés, und seine Herodias versuchte, ihn zu verprügeln. In einem unansehnlichen Gerangel schaffte es Herodes, seiner Stieftochter Salomé kurz an den Hintern zu fassen und gleichzeitig das Zeichen zur Köpfung des Jochanaan zu geben, wozu Herodias schon früher im Stück geraten, Herodes aber keinen Mut gefunden hatte. Vor Salomés Tanz waren Herodias' Argumente nicht zu ihm durchgedrungen, aber nachdem seine Hand gefühlt hatte, was sie gefühlt hatte, war das Köpfen nicht mehr schwer. Am Ende bekam Salomé, was sie von Anfang an gewollt hatte: den Kopf des Jochanaan, den sie küssen wollte. Dass sie ihn dafür hatte töten lassen müssen, war drastisch. Oder dramatisch? Ein Kollateralschaden im Liebeskrieg der Eltern? Oder im Krieg der Tochter gegen die Eltern? Wer war in dieser Familie auf wessen Seite? Ich verstand nichts.

Wir klatschten, Klaus und Hanna euphorisch, Bow und ich wohlwollend und angemessen ruhig. Auf der Premierenfeier versuchte ich rauszukriegen, warum Salomé am Ende so einen langen Monolog gehabt hatte und warum sie den Mann köpfen ließ, den sie liebte. «Notlügen sind erlaubt», sagte Hanna immer. War der Tanz eine Notlüge? Half die superattraktive Salomé ihrer Mutter oder ihrem Vater im ehelichen Kampf? Die Eltern hörten sich diese Fragen von mir ratlos und desinteressiert an. Sie kümmerten sich nicht weiter um mich, und ich ging nach draußen, um heimlich zu rauchen.

Warum ist dieser Abend eine so wichtige Erinnerung für mich? Was haben Herodes und seine Frau mit den vielen Verwandlungen des vierblättrigen Kleeblattes aus Heidelberg zu tun, mit einer Familie, die aus einer Frau, drei Töchtern und drei Männern besteht? Ich möchte eintauchen können in meine Erinnerung wie eine Zeitreisende. Ich möchte hingehen zu meinen Eltern auf dieser Party, jetzt, mit allem, was ich gelernt habe, seit sie gestorben sind, und rufen: Salomé – begreift ihr denn nicht? Ihr habt vergessen, dass ihr ein Paar seid, dass ihr euch attraktiv findet, dass Bow jahrelang gewartet hat, bis seine Prinzessin endlich Zeit für ihn hatte. Ihr habt vergessen, wie dringend Bow seine Prinzessin gebraucht hatte, um glanzvoll und großspurig zu werden und elegant.

Bows Bescheidenheit hatte seinem Ehrgeiz so sehr im Weg gestanden, dass er die großmäulige, hochfahrende Hanna gebraucht hatte wie der Apfel seinen Stiel, um das Leben zu führen, das er führen wollte. Und Hanna hatte Bow gebraucht, Bow und seine Bescheidenheit, Bow und sein Haus und seine hessischen Wurzeln. Und was gibt es Besseres in der Liebe, als sich wirklich gegenseitig zu brauchen?

Ihr wart toll!, möchte ich in die Vergangenheit schreien. Wann habt ihr das vergessen? Wer hat euch gezwungen, in den Rotary-Club einzutreten und die Ente gegen einen goldenen Golf zu tauschen und cremefarben zu werden?

Aber Hannas Wut war zu einer lauten Stille geworden. Die gemeinsamen Stunden eine Ebene ohne Windhauch und Vogelgezwitscher.

Ein Jahr später – oder vielleicht nur Monate oder Wochen? Zeit vergeht anders, wenn man jung ist – platziere ich Ereignis Nummer vier: Ich hatte meinen ersten Freund. Er war einige Jahre älter, in meinen Augen ein richtiger Erwachsener. Hanna war außer sich, und ich wusste nicht, warum. «Sie ist definitiv zu jung für Sex», hörte ich es laut aus der Wohnküche, nachdem ich eines Abends in mein Bett geschickt worden war, was bis dahin in meinem Leben noch nie vorgekommen war. «Die Erwachsenen müssen reden», hatte es geheißen. Über mich, dachte ich, andächtig mit einem Glas an der Wand lauschend. Ich konnte kaum ein Wort verstehen, nur dass es um mich und Sex ging, und ich spürte das Pulverfass, das sich unter diesen Gesprächen verbarg. Instinktiv suchte ich nach der Lunte. Am nächsten Morgen fragte ich Hanna, ob sie mit mir zu ihrer Gynäkologin gehen wolle, um mir die Pille verschreiben zu lassen, oder ob ich das allein machen solle.

Die folgenden Wochen verbrachten wir mit Verboten, Verweisen, Geschrei. Den jungen Mann hatte ich schon lange nicht mehr. Ich hatte nicht mit ihm schlafen wollen, und er hatte es auch nicht gewollt, ich sei definitiv noch zu jung, hatte er gesagt und war weitergezogen. Gegenüber Hanna behauptete ich, die Geschichte laufe weiter, womit ich sie in Zustände brachte. Sie zerrte meine Klamotten aus dem Schrank und schrie mit einer Schere bewaffnet, ich zöge mich an wie eine Nutte. Sie begann, meine Sachen mit der Schere zu bearbeiten. «Damit machst du die Röcke nur kürzer», sagte ich lakonisch. Hanna hielt inne und sah mich an, jetzt wieder ruhig und kalt. Und sie blieb mit der Schere in der Hand stehen wie verzaubert. Laura kam, von Bow gerufen, nahm Hanna die Schere aus der Hand, und sie setzten sich an Hannas Schreibtisch im Flur und redeten leise.

Danach muss es passiert sein. Der Sturm.

Ich kam aus der Schule, der Tisch war gedeckt, für zwei. Neben dem Herd standen eine Dose Erbsen, eine Schale mit sechs Kartoffeln. Daneben lag ein Stück Fleisch. Auf dem Herd standen Töpfe und eine Pfanne bereit. Auf der Theke lag ein Zettel: «Heute musst du kochen. Bin bei Ute.»

Hanna kam am Ende der folgenden Woche wieder, zum Abendessen.

«Ich habe eine Wohnung gefunden.»

«Für wen?», fragte Bow.

«Für mich und meine Bücher», sagte Hanna.

«Und wo bleibe ich?», fragte ich.

«Du bleibst bei deinem Vater.»

Bow sagte nicht viel. Ich noch weniger. Hanna war weggegangen, dann war sie zurückgekommen – und nun war alles zu Ende. Es gab keinen Streit und keine Diskussionen. Ihre Sätze waren so klar und fest, es gab nichts daran zu rütteln. Sie hatte recht. Nach einer Weile gemeinsamen Schweigens ohne Tränen, ohne Jammer gingen wir ins Bett. Hanna übernachtete im Laura-Gästezimmer. Die Energie, die in ihr wach geworden war, ließ sich nicht mehr bremsen. Sie ging die ganze Nacht in dem kleinen Raum, der ihr Arbeitszimmer hätte sein können, auf und ab. Ich lag nebenan und zählte ihre Schritte.

Die nächsten Wochen, die Zeit der Trennung, brachten doch noch Gespräche. Bow und ich hatten Hanna an diesem ersten Abend der neuen Zeit vollkommen verstanden, aber danach wollten wir die Konturen dieser Wahrheit verwischen, am liebsten ausradieren, zurückfinden in eine Zeit vor Hannas Klarheit, eine Zeit, in der es noch Spielraum gegeben hatte.

Manchmal kam Klaus, um zu vermitteln und zu schlichten. Einmal kam sogar Roberto aus Italien. In langwierigen Verhandlungen wurde die Nachfamilienordnung hergestellt. Bow war der Meinung, alles sei nur ein Irrtum, eine Laune, und Hanna solle bei ihm bleiben. Als er verstand, dass dies nicht passieren würde, war er der Meinung, dass ich bei Hanna wohnen müsse. Roberto und Klaus stützten Hannas Ansicht, ein Kind gehöre zu seinem Vater – Roberto und Klaus, die ihre eigenen Töchter damals bei der alleinstehenden Hanna gelassen hatten. Die Freundschaft, die Liebe und die Nachfamilie dazwischen. Die Schwestern sagten, ein Kind gehöre zu seiner Mutter. Ich sagte, ich sei kein Kind mehr, da mussten alle wenigstens einmal lachen. Am Ende entschied ich selber. Und ich entschied, bei Bow zu bleiben, allein schon, um die Schwestern zu ärgern.

Als die neue Ordnung endlich fertig war, sah sie so aus: Hanna zog in ihre neue Wohnung, die so nah am Architektenhaus gelegen war, dass ich jeden Tag nach der Schule auf dem Weg nach Hause zum Mittagessen zu ihr gehen konnte. Ich würde bei Bow wohnen und bei Hanna essen. Ich verstand gar nichts mehr. Warum sollten Hanna und ich ab jetzt an einem Mittagstisch sitzen, wie Opa Ramspeck ihm vor hundert Jahren präsidiert hatte? Ein tägliches Ritual, das nur Bow sich wünschte und als Einziger nicht bekam?

Die neue Wohnung war schön. Ein Schlafzimmer, ein Arbeitszimmer und ein Wohnzimmer, auf zwei Ebenen, Maisonette. Hanna ging anfangs nächtelang darin auf und ab. Treppe rauf, Treppe runter. Sie war aufgeregt und glücklich. Sie nahm Lotta und mich mit zu Ikea, um sich neu einzurichten. Mit umgelegter Rückbank konnte man im Golf zwar einige Kartons unterbringen, doch der Kofferraum ging nicht zu, und so bestand Lottas und meine Aufgabe darin, auf der Rückfahrt auf den Paketen zu liegen und die Heckklappe zuzuhalten. Hanna bremste vorsichtig und fuhr rasant an. Dabei rutschte eine Ladung Regale auf die Straße. Das Auto hinter uns musste scharf bremsen. Lotta und ich schrien, Hanna stoppte abrupt, wir fielen fast aus dem Wagen. Hanna stieg aus und lief nach hinten. Der Fahrer des ausgebremsten Wagens kam ihr wutentbrannt entgegen. Zwei oder drei Sätze später lachte er und half uns, die Regalkartons wieder einzuladen.

«Meine Töchter sind so ungeschickt, ich bitte um Verzeihung. Kinder, was habt ihr denn da bloß wieder gemacht?»

Sie tauschten Nummern aus, während um sie herum Autofahrer fluchten und hupten und im Halbdunkel leichter Nieselregen einsetzte.

Ob sie wegen der Versicherung gesprochen hätten, wollte Lotta wissen, als wir weiterfuhren.

Es sei ja eigentlich kein Schaden entstanden, unterbrach Hanna die angehende Juristin. «Er kommt morgen, um die Regale aufzubauen.»

Ikea-Mann wurde Hannas neuer bester Freund. Er schraubte wochenlang andächtig in Hannas Arbeitszimmer herum, während sie ihm Vorträge über die Weiten der russischen Literatur hielt. Ich konnte mir nicht vorstellen, dass ihn Hannas Reden sonderlich interessierten. Wenn er kam, stellte Hanna einen Samowar auf, brachte ihm Tee und zeigte an, wo welche Sachen angebracht werden sollten. Der Samowar unterstützte währenddessen ihre Erzählungen über Mütterchen Russland. Sie spielte unsichtbar ein selbst erfundenes Tschechow-Stück.

Diese Aufführung schien dem Mann als Gegenleistung für seine Dienste zu reichen. Wie sich zeigte, war er Pole und kam aus der Nähe von Neiße. Hanna war ganz außer sich, als sie das herausfand, und machte ihn und sich zu Kindheitsfreunden. «Es ist gut möglich, dass wir an irgendeinem heißen Sommertag einmal zur selben Zeit in der Badeanstalt waren.» Der Mann war mindestens zehn Jahre jünger als Hanna. Wann sollten die beiden gemeinsam in der Badeanstalt gewesen sein? «Zahlen helfen nicht», sagte Hanna, als ich ihr das vorrechnete. «Gemeinsame Herkunft zählt.»

Das slawische Flair, das Hanna mitten im Rheinland darbot wie einen Schleiertanz aus Tausendundeiner Nacht, wirkte bei Ikea-Mann. Und Hanna kam nun anscheinend aus Polen und nicht mehr aus Alsfeld in Oberhessen oder manchmal auch aus Berlin, je nachdem mit wem sie gerade sprach.

Einmal bot Hanna Wodka an und schlug vor, die Gläser hinter sich an die Wand zu werfen. Das ging dem Gast zu weit. Die Schrankwand war frisch aufgebaut und sollte nicht gleich verkratzt werden.

Die selbst erfundenen gemeinsamen Wurzeln konnten so weit ausgenutzt werden, dass Ikea-Mann in den folgenden Wochen eine Wand einriss, um Küche und Wohnzimmer miteinander zu verschmelzen. Nach und nach verwandelte sich die Maisonettewohnung in eine zweistöckige Miniversion des Architektenhauses. Nach Abschluss der Arbeiten waren Neiße, die Badeanstalt und Polen kein Thema mehr, und der Mann verschwand wieder aus unserem Leben.

Zuvor hatte er nach Hannas Plänen noch einen Tisch gebaut. Er war nicht rechteckig wie der, den Hanna all die Jahre mit Papa Bow geteilt hatte, sondern rund. Egal, ob man zu zweit, zu viert oder zu sechst daran saß, man hatte einen guten Abstand zu den anderen. Hanna hatte ein blasses Birkenholz ausgesucht. «Wie bei *Onkel Wanja*», sagte sie. Warum nicht wie bei Oma Tita?, fragte ich mich. Oder von mir aus wie in ihrer Kindheit in Schlesien? Warum nicht wie bei egal wem oder was aus der realen Welt? Warum wie aus einem russischen Theaterstück aus dem neunzehnten Jahrhundert? Einem Stück, bei dem in der Regieanweisung steht «ein Tisch», wir aber nie erfahren, wie dieser Tisch aussieht, weil er nie existiert hat. «Die reale Welt ist so langweilig», sagte Hanna und streichelte lächelnd über die fein gemaserte Platte.

Seit der Trennung von Bow machte Hanna *Brigitte*-Diät und verkochte frische, unverarbeitete Lebensmittel. Ich mochte das alles nicht. Ich mochte, was aus der Dose kam und was ich kannte. So war ich aufgewachsen, so wollte ich weiterleben. Hanna wollte aber auch weiterleben, und deswegen kochte sie von nun an «gesund», wie sie es nannte, womit sie eigentlich sagen wollte: kalorienarm.

Hanna war jeden Mittag spät dran und mürrisch, ich war

auf dem Sprung und mürrisch. Die gemeinsame Zeit wurde uns lang, und gleichzeitig war sie zu kurz. Hanna kam gerade vom Schreibtisch und wollte dorthin zurück. Die ganze neue Wohnung schien nur aus Schreibtisch zu bestehen. Die Bücher standen in der nachgemachten Architektenhauswohnküche hinter dem Esstisch und schauten mir zu. Hanna hatte sie aus ihrem Arbeitszimmer verbannt, um sich besser auf die eigenen Texte konzentrieren zu können. Sie wollte nur noch schreiben, nicht mehr lesen.

Und so las ich. Bücherrücken. Um nicht zuhören zu müssen. Aus Bow-Monologen beim Mittagessen über Architektur und Aufbau waren Hanna-Monologe über Versmaß und Dichtkunst geworden. Ich las die Bücherrücken hinter ihr, beobachtete die Buchstaben, wie sie einander fanden und verließen. Ich hatte keines der Bücher gelesen. Ich wusste damals so gut wie nichts über die Autorinnen und Autoren, denen ich gegenübersaß, und sah sie dennoch bildlich vor mir, wie sie einander grüßten oder ignorierten, wie sie korrespondierten oder stumm, Buchdeckel neben Buchdeckel, nebeneinanderstanden.

«Du, Mama» war ein Spiel aus der Vergangenheit. «Pass auf, wenn ich mit dir rede», hieß es jetzt, und das kam nicht von meiner Seite. Hanna dozierte bei marokkanischer Tajine über russischen Symbolismus. Ich hatte keinen Sinn für Tajine, keine normale Familie aß so was, und ich hatte auch nichts für Gulag-Bewältigung übrig. Mein Blick strich über die Bücherwand in Hannas Rücken. Ich besuchte die Titel wie alte Freunde aus dem Kindergarten oder Handschmeichler in der Schmuckschatulle. Am liebsten strichen meine Augen über *Franziska Linkerhand*, rechts neben *Krebsstation* von Solschenizyn im Luchterhand Verlag. Famos – Linkerhand, Luchterhand. Im Kopf rollte ich die beiden Worte hin und her wie frische Himbeeren am Gaumen. Link und Lucht, und beides Hand – ich konnte nicht genug davon kriegen. Die Bücherrücken hinter der monologisierenden Hanna waren warmherzig und verlässlich.

Hanna hatte die Regale in ihrem Rücken nach thematischen Bezügen und unsichtbaren, nur Hanna einleuchtenden Querverbindungen sortiert, nicht wie andere nach Größe oder Farbe, was ich schade fand. Eine Etage unter Linkerhand Luchterhand kam Nadeschda Mandelstam: *Generation ohne Tränen*. Meine Mutter konnte mit dieser Generation nicht gemeint sein. Tränen hatte sie viele, zu allen Zeiten und aus vielen Gründen. Neben ihr wieder Solschenizyn, *Archipel Gulag*, ein Titel, den ich manchmal laut vor mir hersagte oder in der Schule auf Tische und Hefte schmierte. Ich hatte damals keinen Zugang zur Bedeutung dieser Worte, aber der Klang war eine Verzauberung, eine Verheißung, ein Trost. Das Gegenteil von seinem Inhalt.

Sarah Kirsch stand neben Ingeborg Bachmann, und die stand neben Celan, weit weg von Max Frisch. Cioran hatte sich in diese Reihe gemischt. Kannten die sich? Joseph Brodsky war in der Nähe, ein Regalbrett darunter Ossip Mandelstams Gedichte, die wieder verlegt worden waren, nachdem Nadeschda sie aufgeschrieben hatte. Manchmal hörte ich Hanna schon zu, aber für mich war Mandelstam mein Freund Pisso, Ossip von hinten.

Ob die Bücher untereinander kommuniziert haben, und waren sie mit der Ordnung, die sie im Rücken meiner Mutter angenommen hatten, einverstanden gewesen?

«Den Osten im Westen wieder einpflanzen und als Teil des eigenen Lebens begreifen», sagte Hanna laut und mit Vibrato über der Tajine. «Nicht als Spiegel. Auch nicht als Show hinter dem Eisernen Vorhang.»

Sie balancierte einen Löffel mit Couscous vor meinem Gesicht.

«Niemandem ist bewusst, dass dieser Begriff aus dem Theater entlehnt ist.»

Diesen Vortrag hatte ich viele Male gehört, besonders nachdem Laura zum Theater gegangen war. Der Eiserne ist ein Vorhang, der im Theater oder in der Oper im Falle eines Feuers das Bühnenhaus vom Zuschauerhaus trennt. Ein Vorhang ist er eigentlich nicht, sondern eine eiserne Wand, die bei Feueralarm direkt hinter dem Portal aus dem Schnürboden heruntergelassen wird. Wer ist beim politischen Eisernen Vorhang das Publikum und wer die Bühne? Wer hat den Eisernen Vorhang politisch so genannt? Hanna hätte bestimmt gern auf solche Fragen geantwortet. Doch mein junges Ich stellte sie nicht. Mein junges Ich schwieg und las Bücherrücken. Ich lobte nicht und gab keinerlei Zuspruch. Ich konnte deutlich spüren, wie sehr ich Hanna damit enttäuschte. Sie reagierte mit metallisch harter Beleidigtheit. Aber ich blieb dabei. Stoisch las ich und aß ich und hörte nicht zu. Und hatte dabei ein schlechtes Gewissen.

Hanna stand nach dem Mittagessen in der Tür und winkte mir sorgenvoll, fast weinend nach. Ihre Mütterlichkeit beschränkte sich in diesen Jahren auf das nicht gewünschte Mittagessen und den sorgenvollen Blick zum Abschied. Mein schlechtes Gewissen funktionierte wie ein Uhrwerk. Eine präzise eingestellte Maschine, die mich jedes Mal beinahe einknicken und umkehren ließ, wenn ich auf halbem Weg zum Zuhause bei Bow war.

An der Ecke, am Ende von Hannas Straße, war eine Ampel.

DIE Ampel für mich. Über Jahre haben sich an dieser Stelle jeden Tag die Welt von Hanna und die Welt von Bow geschieden. Eine Staatsgrenze war hier entstanden, die nur mühsam überwunden werden konnte. Der Zoll, den ich täglich zahlte, waren die drückenden Gefühle, die an dieser Kreuzung kulminierten.

Von Bow zu Hanna war der Zoll nicht so hoch. Was wäre passiert, wenn ich eines Tages beschlossen hätte, dem Ruf des traurigen Hanna-Lächelns zu folgen? Wenn ich umgekehrt und zu ihr gelaufen wäre und sie nach dem Mittagessen überrascht hätte? Mit Zeit und Fragen, mit Geschichten aus der Schule, Erlebnissen mit Freundinnen? Heute denke ich, das hätte sie nicht nur überrascht, sondern auch gestört. Gestört in ihrer reinen Einsamkeit, ihrer Schreibsamkeit. Ich stelle mir vor, dass sie sich nach jeder gequälten Abschiedsszene glücklich und froh ihrem Mittagsschlaf hingegeben hat, um danach zu schreiben oder zu einer Lesung auszugehen oder um selber zu lesen oder ein Verlagsdiner zu besuchen. Meine letzten Schuljahre war ich täglich einmal außer mir gewesen, an dieser Stelle des Weges, an dieser Ampel – vielleicht aus einem Missverständnis heraus.

Geschiedene Eltern sind schwierig. Sie lösen sich Schritt für Schritt vom alten Familienalltag und ersetzen diesen durch Gewohnheiten allein lebender Menschen. Sie nabeln sich ab vom Familienleben – eigentlich die Aufgabe von Teenagern. Das ist für Überhangkinder wie mich verwirrend. Das Lesen der Bücherrücken beim Essen bot mir Entlastung. Wann immer ich wollte, konnte ich in eine Welt aus Buchstaben flüchten, so wie Hanna auf dem Plumpsklo in die *Gartenlaube* geflüchtet war. Buchstaben sind die besten Freunde, die sicherste Familie. Sechsundzwanzig Bausteine, aus denen alles, wirklich alles erschaffen werden kann. Und wie man nun bei Hanna sah, ließ sich sogar Geld damit verdienen.

«Nicht genug», höre ich Bow aus seinem Sarg rufen. Ich lasse ihn rufen, ich streite nicht mit einem frisch beerdigten Vater. Er ist genauso verwirrt wie ich, er muss sich erst zurechtfinden in seiner neuen Umgebung. So wie wir Töchter uns in unserer neuen Umgebung. Eine Umgebung ohne Bow und Hanna. Das Leben ohne Eltern.

Ich merke, dass ich noch an der gleichen Stelle stehe, in meiner langsam dunkel werdenden Wohnung. Ich sollte das Licht anmachen, vielleicht den Mantel ausziehen und die Heizung anstellen. Ich behalte den Mantel an und setze mich auf mein Sofa. Das Tageslicht kriecht aus der Wohnung, und ich gebe mir Zeit. So viele Jahre. So ein Durcheinander. Die Geschichte von Hanna.

«Ich habe kein einziges Foto von mir und meinen Töchtern», sagte Hanna eines Tages, als Möbel, Wohnküche und Tisch fertig waren. Sie ließ seit einigen Wochen Bilder rahmen und dekorierte die neue Wohnung damit. Ihr Papi und Dackel Puz waren schon da. Ingeborg Bachmann, die früher neben ihrem Bett gehangen hatte, wurde nicht wieder aufgehängt, dafür Laura und Lotta als Babys, die Lexikonclique auf der Heidelberger Landstraße neben Oma Aiellos Auto. Kein Bild von mir und keines von Hanna mit ihren Töchtern.

Sie vereinbarte einen Fototermin in Utes Garten. Ute, die Malerin. Ute, die engste Vertraute seit der Trennung. Schon davor war Hanna zu ihr gegangen, damals noch zu Ute und Jean. Sie hatten sich über Lotta kennengelernt, die mit Utes und Jeans Tochter in dieselbe Klasse gegangen war. Bow hatte Hanna widerwillig zu diesen Abenden begleitet. Jean war ein interessanter Gesprächspartner, hieß es, aber Jean unterhielt sich nicht gern, und so wurde Karten gespielt und geraucht.

Auch Hanna rauchte bei Jean und Ute, was sie sonst nie tat. Sie tranken Wodka, den Hanna am liebsten auf dem Schwarzmarkt organisiert hätte, wenn es so etwas noch gegeben hätte.

Ute war eine reiche katholische Tochter aus der Innenstadt, ihr Mann ein reicher jüdischer Junge aus Lindenthal gewesen. Den Erzählungen nach war er als Kind allein vor den Nazis geflohen. Seine Eltern hatten ihn eines Nachts in ihrem Auto an die belgische Grenze gefahren. Irgendwo im Wald setzten sie ihn aus und sagten ihm, er solle weiterlaufen, bis er auf Erwachsene treffe. Dann solle er sagen, er heiße Jean, und nie wieder ein Wort Deutsch sprechen. Nach einiger Zeit allein im Wald wurde Jean tatsächlich von einer belgischen Nonne gefunden, die ein Waisenhaus betrieb und sofort verstand. Er wurde von den Nonnen streng katholisch erzogen und durch Schule und Abitur gebracht. 1950 ging er zurück nach Köln. Bis er Ute kennenlernte, war er allein. Seine Familie, sein Elternhaus existierten nicht mehr.

So oder so ähnlich gingen viele Geschichten der Freunde meiner Mutter. Alle waren sie in diesem Meer von Toten aufgewachsen, so viele Tote in jeder Familie. Wahnsinnig anstrengend und kompliziert, dachten wir als Teenager. Warum suchte Hanna sich keine normalen Freunde? Bows Bekannte redeten nie über Tote und Flucht und Grausamkeiten. Das Ende des Krieges war die Befreiung gewesen, von allem, was schlecht gewesen war, und der schönste Tag in ihrem Leben. Seitdem war alles gut gewesen.

Dann war Jean an einem Blutgerinnsel gestorben, und Hanna war bei Bow ausgezogen. Von da an waren Hanna und Ute allein mit ihrer Freundschaft, die mehr und mehr Fahrt aufnahm. Ute machte Fotos von Hanna. Der Verlag wollte für ihr erstes Buch ein Autorenfoto. Hanna war aufgeregt und fühlte sich großartig in Utes Atelier. Sie stellten Fotografien von Künstlerinnen und Künstlern nach: Picasso mit Ringelshirt und Wurstfingern aus Milchbrötchen, Valie Export mit Valie-Export-Zigarettenschachtel in der Hand.

Und nun also ein Foto von Hanna und ihren Töchtern. Wir hatten uns an einem Sonntagvormittag im Frühling bei Ute verabredet. Alle kamen aus verschiedenen Richtungen, wir Töchter trafen uns vorher zufällig auf der Straße. Wir trugen schwarze Rollkragenpullover, das war Utes Idee gewesen.

«Ich bin nicht geschminkt», sagte Lotta.

«Ich bin total verkatert», sagte ich. «Was machen wir hier? Familienfoto ohne Papa.»

Welchen Papa ich denn meine, wollte Laura wissen, die aus Berlin zu Besuch war, wo sie erstmals ein Engagement an einem großen Theater bekommen hatte.

Wir klingelten bei Ute, und Hanna öffnete mit großer Geste die Tür. Der große Auftritt, Hannas Spezialdisziplin. Mit so viel Schwung in der Bewegung, dass meine Haare flogen, obwohl sie kurz zuvor mit sehr viel Gel zum Stehen gebracht worden waren. Hanna wirkte straff und gespannt. Wenig mütterlich, fand ich.

Ich war an diesem Sonntagmorgen nicht nur verkatert, sondern auch ein bisschen verliebt. Seit Hannas Auszug war ich abends viel unterwegs. Bow bemerkte es nicht, oder es war ihm egal, jedenfalls schrieb er mir nicht vor, wann ich nachts nach Hause zu kommen hatte. Meine Erziehung war mit der Auflösung der Familie abgeschlossen worden. Auch Hanna sagte nie etwas zu meinen nächtlichen aushäusigen Umtrieben. Sie erkannte sie wahrscheinlich an den dunklen Ringen unter meinen Augen, aber sie fanden keine Erwähnung. Sie besprach mit mir nur noch ihren persönlichen Zugriff auf

Literatur, ein persönlicher Zugriff auf mein Aufwachsen wurde nicht mehr in Betracht gezogen. Versmaß im Verhältnis zu Widerstand und Revolte war ihr Thema.

Einmal hielt sie einen Vortrag über Erziehung in der Literatur, bei dem ich im Publikum saß. Sie flocht eine Bemerkung in ihre Rede ein, wie froh sie sei, selbst niemanden mehr erziehen zu müssen. Beim Mittagessen am nächsten Tag sprach ich es an. Dauernd habe sie uns helfen oder etwas beibringen müssen, um sich dann anmaulen zu lassen, wir hätten es auch ohne sie geschafft, war ihre Antwort. «Deine Schwestern haben wenigstens gewusst, dass sie in einer schwierigen Phase sind, und haben sich auch manchmal entschuldigt, wenn sie sich danebenbenommen haben. Aber du? Du hast die Weisheit mit Löffeln gefressen und willst mich unten sehen, am Boden. Weit abgeschlagen im Rennen um diesen Mann. Doch ich renne gar nicht, verstehst du? Ich bin deine Mutter, nicht deine Konkurrentin. Wir teilen uns Bow nicht. Er war mein MANN und dein VATER. Kein Flirt von der Straße, um den zwei Frauen sich streiten könnten.»

Ich antwortete nicht. Damals nicht und auch jetzt nicht in der Erinnerung. Denn es gab diesen Moment nicht, Hanna hat das nie gesagt. So direkt hätte sie nie gesprochen. In meiner Erinnerung werden die Auseinandersetzungen mit ihr zu Dialogen. In der Realität gab es keinen Dialog, die Dinge zwischen uns wurden anders verhandelt. Alles wurde in Handlungen sichtbar – in verbranntem Mittagessen, neuen Stiefeln, kürzeren Röcken.

Ich wünschte mir, sie hätte so etwas gesagt, und wir hätten darüber gesprochen. Wie viel Schmerz hätte vermieden, wie viele offene Rechnungen hätten beglichen werden können.

Am Frühlingssonntag bei Ute spielte all das keine Rolle. Oder die Hauptrolle. Alles gleichzeitig sichtbar wie unsichtbar, verloren im unaussprechlichen Bereich.

Hanna küsste uns alle einzeln überschwänglich auf der Türschwelle. Dann durften wir nacheinander eintreten. Sie strahlte uns an, bedankte sich, dass wir die Rollkragenpullover tatsächlich angezogen hatten. Dann drehte sie sich im Flur wie eine Aufziehpuppe und führte uns ihre Garderobe vor: ein tief ausgeschnittener Einteiler, der ihre wiedergewonnene Figur betonte, ihren tadellosen neuen Sportpopo; neue, sehr eng anliegende Stiefel. Wir standen in unseren schwarzen Rollkragenpullis um sie herum und mussten sie bewundern. Sie sah umwerfend aus. Aber sie ist alt, dachte ich, verkatert und verknallt, wie ich war – verknallt in einen Typen aus der Disco, der so viel älter war als ich, dass ich mit ihm ohne Probleme am Türsteher vorbeikam. Wir knutschten ein bisschen rum auf der Tanzfläche, mehr brauchte es gar nicht. Außerhalb der Disco sahen wir uns nie, ich wusste nicht mal, wie er mit Nachnamen hieß.

Die Schwestern beklatschten sie und lachten. Sie hatten keine Probleme mit der neuen Hanna der Nacheheordnung. Auch zu mir waren sie etwas großzügiger geworden. Wir waren endlich alle gleich – Töchter von geschiedenen Eltern.

«Du sagst gar nichts, Kleine. Gefalle ich dir nicht?», fragte Hanna.

«Bisschen weit ausgeschnitten, dein Hals ist sehr faltig.»

«Deine Röcke werden jeden Tag kürzer, und deine Schenkel sind dafür zu dick», antwortete Hanna und trat an den Spiegel im hinteren Ende von Utes Entree. Die Schwestern schauten mich an und gingen fürsorglich hinter Hanna her. Ute staunte und machte die Tür zu.

Mir wird heiß bei dieser Erinnerung. Mantel und Stiefel sind zu warm in der Wohnung, auch ohne Heizung, aber ich will mich nicht ausziehen.

Ich mache das Licht an. Auf dem Couchtisch neben dem Sofa liegen ein paar Zeitschriften. Auch eine französische *Paris Match*, die ich im letzten Urlaub gekauft habe, aufgeschlagen bei einem Foto von Jane Birkin mit ihren drei Töchtern von drei verschiedenen Vätern.

Neben dem Foto der vier berühmten Frauen steht ein Satz über gemeinsame Ferien in der Normandie, als alle Töchter klein waren. Ich stelle mir das so vor: Jane und ihr Mann Serge Gainsbourg sind mit einer Limousine und den ersten beiden Töchtern Kate und Charlotte im Fond aus Paris angereist. Serge geht nun täglich vom Ferienhaus in die Bar eines nahe gelegenen Hotels, pflegt sein Image und nährt seine Alkoholsucht. Am Abend kehrt er zurück in den Familienurlaub. Ich sehe Jane Birkin vor mir, als wäre sie meine beste Freundin. Wie sie den Mann begrüßt, den sie am Morgen zur Bar verabschiedet hat, sich insgeheim fragend, mit wie vielen anderen Frauen er da wohl getrunken hat. Sie geht ab und zu sehr schick zurechtgemacht zum Hotel hinüber und trinkt auch einen Champagner, nur um klarzustellen, wie sexy sie ist. Im Ferienhaus malen die Töchter und kochen und lesen und streiten. Draußen regnet es. Jane denkt sich wunderbare Spiele aus, wenn sie aus der Bar zurückkommt. Manchmal liegen die Mutter und ihre Mädchen auf dem Sofa und lesen. «Wo ist Papa?», fragt Charlotte. «Wo ist Serge?», fragt Kate. «Ach», sagt Jane. Sie liebt Serge, aber sie liebt ihn als Mann und nicht in der Rolle des Vaters. Sie liebt ihn als superheißen Typen, mit dem sie in der Öffentlichkeit gemeinsam Skandale produzieren kann, weil ihre beiden Körper mit ihren Auffassungen von Musik und

Glamour zusammen so unendlich gut glitzern und strahlen und so vieles möglich machen. Sie hat schon Kate, als sie Serge trifft. Und Kate soll kein verlorenes Einzelkind sein. Sie hat Bedenken, wenn sie sich Serge als Vater vorstellt, aber es ist leichter, mit Serge noch ein Baby zu konzipieren, statt die Vaterrolle mit einem anderen, besser geeigneten Mann zu besetzen. So einen Mann würde sie auch nicht haben wollen im Leben. Sie braucht keinen Typen, der sich die ganze Zeit Sorgen um seine Kinder macht, das macht sie lieber selbst. Was sie braucht, ist ein gutes Netzwerk von bezahlten und unbezahlten Frauen, die mit anpacken bei der Erziehung, und dann wird das schon klappen. Einen Mann braucht sie bei all diesen Dingen nicht, dafür aber im Plattenstudio, auf dem roten Teppich und als Hintergrunddämon, als Schutz, wenn sie in Spielfilmen vor der Kamera steht. Kein Kollege wird so dumm sein, sie dämlich zu begrapschen, kein Produzent wird sich die irrsten Übergriffe ihr gegenüber herausnehmen. Sie ist die Frau von Serge. Das hat Gewicht, das erzeugt Respekt, bei manchen mächtigen Männern sogar Befangenheit. Serges unbestrittene Sexyness ist einschüchternd, und so ist es auch Jane. Das Image und der Alkoholismus, die Serge in der Normandie an der Hotelbar pflegt, sind also eigentlich Janes Arbeitsversicherung. Erst später, wenn sie in den Augen der Produzenten nicht mehr ausschließlich jung und sexy ist, hat sie Zeit, ihre Karriere selbst zu formen. Im Moment jedoch formt sie noch ihr Familienleben mit den Töchtern, ihr Bild von einer Frau, die wild und unberechenbar ist, und ein Zuhause für Serge, für den das alles körperlich sehr strapaziös sein muss. Später ist sie dann ohne Serge, allein mit den erwachsenen Töchtern. Sie wird zum Mittelpunkt, den die Töchter umkreisen wie Satelliten.

Hat Hanna in Utes Garten versucht, eine solche Stimmung

für uns zu kreieren? Damals, nachdem sie sich in eine allein lebende Autorin verwandelt hatte und ich mich in einen durchgeknallten Teenager, der sich nichts sehnlicher wünschte, als zu sein wie alle, ein Kind mit nicht geschiedenen Eltern, mit einem Vater, der Geld verdient, und einer Mutter, die kocht und wäscht und dazu aufgefordert ist, würdelos zu altern.

«So, stellt euch mal alle zusammen auf der Verandatreppe auf», sagte Ute.

Wozu?, wollte ich wissen. Aber eigentlich wollte ich es gar nicht wissen, sondern nur klarstellen, mir hatte niemand was zu sagen.

Ansatzlos überließ Ute das Feld Hanna, die vor dem Spiegel ihre dünnen Haare toupierte.

«Ich bin noch nicht geschminkt», sagte Lotta wieder.

«Ich habe einen Pickel», sagte ich. «Ich glaube, wir müssen verschieben.»

Lotta drängte sich vor den Spiegel und nahm Hanna den Toupierkamm aus der Hand. Draußen auf der Verandatreppe stand Laura allein, probierte Posen, überlegte sich, wie sie auf dem Foto aussehen wollte. Hanna ging von einer Tochter zur anderen, wischte mit dem Daumen Flecke von der Wange, die nur sie sah, oder zupfte unsichtbare Fussel vom Pullover.

Ute hatte ihre Kamera vom Garten aus auf die Treppe ausgerichtet. Hanna schlug verschiedene Anordnungen vor. Laura und Lotta widersprachen nicht und stellten sich dennoch anders hin.

«Unser liebes, kleines Mamilein will in die Mitte», flötete ich und versuchte, Hanna herumzuschieben.

«Ich bin nicht euer liebes, kleines Mamilein», hätte Hanna entgegnen können. Ich lege ihr auch diese Worte in den

Mund, damit diese haltlose Tochter, die ich damals war, in ihre Schranken gewiesen wird. «Ich möchte ein anständiges Foto von meiner Familie. Meine drei Töchter und ich. Mehr nicht.» Das hätte sie sagen können, und alles wäre leichter gewesen.

Damals in Utes Garten stand ich neben ihr, machte Hasenohren auf jedem Foto oder versuchte, mich auf einen Stuhl zu stellen, um größer zu sein als alle. Ich musste mich zwischendurch mehrfach kurz hinsetzen, so schlecht war mir vom Bier am Abend zuvor. Sonst hinderte mich nichts daran, mich aufzuführen wie ein Kasper.

Ute versuchte es mit Vorschlägen für neue Arrangements. Auf der Gartenschaukel, Hanna sitzend und die Töchter um sie herum drapiert. Wir gingen zur Schaukel. Die Schwestern fragten Hanna nach ihrem neuen Leben in der Maisonettewohnung und ob sie auch nicht zu einsam sei. Was soll passieren, wenn eines Tages der schwarze Hund wiederkommt?, wollte ich fragen, hielt aber den Mund.

Ich fragte mich das schon seit Langem. Was würde aus Hanna werden, wenn sie erst anfing, in ihrem rostfarbenen Wollanzug die Treppe hinauf- und hinunterzusteigen? Was würde ich machen, wenn es so weit war? Würde ich Laura holen, damit sie Hanna den Kaffeefilter aus der Hand nahm? Würde ich bei Hanna übernachten, damit sie nicht unter dem Einfluss ihrer Angstlöser die Treppe hinunterfiel?

Ich hörte Hanna sagen, wie dankbar und glücklich sie sei, dass sie mich wenigstens jeden Tag zum Mittagessen sehen dürfe. Dieser winzige Zipfel Zeit, den ich ihr abgebe, den genieße sie wie das Wasser in der Wüste, sagte sie. Von sehr weit weg hörte ich Anweisungen von Ute und dazwischen Hannas Stimme, wie sie verführerisch und charmant erzählte. Dass Bow und ich beschlossen hatten, es sei für ein Kind das

Beste, in seiner gewohnten Umgebung zu bleiben. Dass eine Trennung schwer genug sei und dass deswegen nicht alles neu sein solle. Und wie die psychologische Beratung in der Schule das bestätigt habe und sie, Hanna, sich damit habe abfinden müssen, rauszufliegen und ihr jüngstes Kind zurückzulassen. Die Schwestern umarmten sie huldvoll, während sie mich mit Blicken töteten.

«DU wolltest ausziehen», sagte ich giftig.

Die Schwestern hielten die Luft an. Und redeten dann gleichzeitig. Empört, entzündet, aufgebracht von meinem Ton. Hanna habe gar keine andere Wahl mehr gehabt, als auszuziehen.

Ich richtete mich auf und starrte Hanna an. Sie hob verwirrt und leicht ertappt die Schultern. Dann sagte sie fest: «Ja, genau so war es doch.»

Ich sagte nichts. Mir fiel nichts ein. Bow und ich hatten Hanna rausgeschmissen? Hanna und ihre zwei größeren Töchter redeten gerade über Frauensolidarität und Gemeinschaft ohne Männer. Ich war verwirrt.

Wir probierten ein paar Posen an der Schaukel, erwiesen uns aber als steif und undrapierbar. Ute rannte los, um aus der Küche Wodka zu holen. Ich legte mich neben der Schaukel ins Gras und blickte in die Kamera. Über mir die drei Frauen im Gewusel. Ich schaute ihnen von unten zu und erzählte ein bisschen von dem Typen aus der Disco. «Wir machen aber nur rum», sagte ich und fand es cool, «rummachen» zu sagen.

Aber Hannas Worte nagten an mir. Hatte ich nicht nach langen Gesprächen mit allen Familienmitgliedern selber entschieden, bei Bow zu bleiben? War Hanna nicht von einem Tag zum anderen verschwunden und wiederaufgetaucht, nachdem sie eine neue Wohnung gefunden hatte? Hatten Bow und ich uns zusammengetan und ihr gesagt, sie solle ausziehen, weil sie «zu viel Unruhe ins Haus brächte», wie es in ihrer Schilderung hieß? Kein Wunder, dass die Schwestern wütend auf mich waren. Wäre ich auch, wenn meine kleine Schwester sich so verhalten hätte, wie Hanna es in Utes Garten auf der Schaukel erzählte.

Hanna tat den Schwestern leid. Mitleid war etwas, das Hanna angeblich nie haben wollte, aber dauernd bekam. Etwa dafür, dass sie ihre Kinder mit in die Uni nehmen musste, «statt mit ihnen einen schönen Nachmittag im Park zu verbringen». Niemals hätte sie den schönen Nachmittag in der Bibliothek mit Studenten und Büchern gegen einen langen Nachmittag im Park mit ihren Töchtern eintauschen wollen. Oder doch? Vielleicht war sie zwischen beiden Vorstellungen hin- und hergerissen und wollte alles gleichzeitig sein und nicht sein. Vielleicht war ihr alles gleich wichtig erschienen, zur gleichen Zeit und überall.

Alle nahmen einen Wodka.

In meinem Kopf drehte es sich so schnell wie ein Glücksrad. Vielleicht würde es durch den Wodka gebremst werden und bei einer Antwort stehen bleiben.

Wenn ich zurückblicke, kann ich mich selbst dabei beobachten, wie ich den Umbau vornehme in meinem Kopf. Wie ich meine Erinnerung an die Trennung der Eltern aus meinem Gedächtnis herauslöse und Hannas Geschichte an die Stelle setze. Hanna hat es gesagt. Das Buch Hanna wird nicht umgeschrieben. Aber irgendwann weitergeschrieben. Und das ist scheinbar heute.

In Utes Garten stemmte ich mich neben der Schaukel hoch, um etwas zu sagen, da kollabierte ich. Als ich wieder aufwachte, standen alle besorgt um mich herum. Ich lag im Gras, und ihre

Köpfe über mir im Himmel schwebten wie Lampions. Laura sagte, ich solle den Fuß rausstellen, falls sich alles drehe, und wir lachten. Hanna legte sich neben mich ins Gras, die anderen legten sich dazu. Unsere Köpfe sehr dicht nebeneinander auf dem kurzen, grünen Rasen. Ute fotografierte uns von oben.

Dieses Bild hing bis zum Ende über Hannas Esstisch.

Hanna führte eine neue Familientradition ein, für die sie eigens ein Wort erfand: Famamalie-Abendessen. Ich war froh, denn es klang für mich nach einem halbwegs richtigen Familienleben von richtigen Leuten. Alle in meiner Klasse aßen abends mit der Familie ein großes Essen und nicht mittags. Lotta war auch einverstanden, und Laura versprach, so oft wie möglich anzureisen. Sie kam gerne nach Köln und gab auch hin und wieder ihre Kinder in den Ferien bei Bow ab. Zum Mittagessen gingen die Kinder zu Hanna in die Wohnung.

«Famamalie – für den Zusammenhalt», hatte Hanna gesagt, doch meistens schrie an diesen Zusammenkünften eine von uns, und eine andere weinte.

«Das stimmt doch alles gar nicht», höre ich Lotta in meiner Vorstellung sagen. Lotta redet sehr oft sehr schlecht über unsere Familie, doch sobald ich es tue, hält sie dagegen. Oder Laura. Wir wissen alle drei, dass jeder in der Familie sich anders erinnert, und sind gewillt, das zu akzeptieren. Wir bemühen uns, abweichende Versionen der Familiengeschichte auszuhalten, nur gelingt uns das nicht oft. Lotta sagt heute, die Famamalienabende seien das Beste an ihrer Studentenzeit gewesen. Ihr ganzes Studium habe sie sich allein und auf sich gestellt gefühlt. An den Mittwochabenden aber habe sie gewusst, wer sie sei und wohin sie gehöre. Nur eine Sache habe dabei genervt, und das sei ich gewesen. Mein sexuelles Erwachen als Teenager sei hart gewesen für sie alle. An den meisten Abenden sei ich halb nackt gewesen und habe ununterbrochen über Sex reden wollen, sagt die erwachsene Lotta über mich. Erst gestern wieder bei Bows Beerdigung. Alle paar Wochen hätte ich einen anderen Kerl zum Famamalienabend mitgeschleppt, einer älter als der andere. Laura und sie hätten Hanna angefleht, das zu verhindern. Famamalie sei eine geschlossene Veranstaltung gewesen, da habe kein Kerl etwas zu suchen gehabt. Doch Hanna habe mir nichts verbieten wollen. Ich wünschte, sie hätte es mir verboten.

Hanna kochte an diesen Abenden. Sie bereitete frisches, fettlos gedünstetes Gemüse zu, manchmal Fisch dazu. Oder einfach nur Salat. Lotta hatte eines Tages genug von Hannas Diät. Sie wollte nicht abnehmen, und auch niemand sonst sollte das. Das ganze Konzept war ihr zuwider. Sie fand Hannas Diätrezepte langweilig, zudem könne man gar nicht zusammen kochen. Ich unterstützte Lottas Vorhaben. Ich war dagegen, dass Hanna schlanker, sportlicher und attraktiver wurde. Ich hatte in einem Frauenmagazin in der Eisdiele gelesen, geschiedene Frauen machten Diäten, um schneller einen neuen Mann zu finden. Mein erklärtes Ziel nach zahllosen Milchshakes und Beratungen mit Freundinnen aus tadellosen Elternhäusern: kein neuer Mann für Hanna. Sie hatte ihre drei Männer gehabt. Die Jugend mit ihren Lexikonboys hatte bis zu ihrem fünfzigsten Lebensjahr gehalten, und nun war Schluss.

Lotta kam zum nächsten Famamalienessen mit Tüten voller Einkäufe. Oma Aiello hatte ihr beigebracht, wie man Tortellini zubereitet, und das hatte sie nun mit uns vor. Im Gegensatz zu Hanna und mir ist Lotta ausgesprochen geschickt mit ihren Fingern. Laura übernahm die Aufgabe, Füllungen herzustellen.

Hanna zeigte auf einmal erstaunlich viel Sinn fürs Praktische und baute ein regelrechtes Tortellini-Fließband auf dem neuen Küchenblock auf: Zuerst wurde der Teig geknetet, dann mit dem Nudelholz weitflächig ausgebreitet, in Rauten geschnitten und jede Raute mit Füllung bekleckst. Als Abschluss Lotta, die die kleinen Teigrauten zu Tortellini formte und auf einem Handtuch sammelte. Hanna habe einen großen Sinn für die praktischen Dinge gehabt, sagt Lotta heute. Im Buch Laura und in meinem steht das so nicht drin. Viel Zerstreutheit und wenig Verbundenheit mit dem Realen wird da beschrieben.

Aber hier standen wir in unserer eigenen Tortellini-Manufaktur und waren so beschäftigt mit den Vorgängen, dass wir kaum zum Sprechen kamen. Lotta war die Einzige mit genügend Pasta-Expertise, um gleichzeitig werkeln und sprechen zu können, und übernahm die Unterhaltung. Sie ist eine glänzende Rednerin mit der Gabe, das Publikum bei der Stange zu halten. Ich werde nie verstehen, warum sie als Einzige von uns nicht Schauspielerin geworden ist. Was für eine Verschwendung.

«Heute hatte ich einen Fall», fing sie an, als wäre sie bereits eine viel beschäftigte Anwältin. «Eine Frau wollte ihren Mann auf Unterhalt verklagen, obwohl sie gar nicht geschieden waren. Sie waren nicht einmal getrennt. Sie wollte ihn nur verklagen, weil sie kein gemeinsames Konto hatten. Das heißt, sie hatten nicht nur kein gemeinsames, sondern sie hatte gar keines. Ihr Gatte führte das Familienkonto und gab ihr am Anfang des Monats Bargeld, mit dem sie den Haushalt und alles andere zu bestreiten hatte. Zunächst war sie damit einverstanden gewesen, aber dann hatte sie über die Tochter im Kindergarten eine Mutter kennengelernt, die eine Zugehfrau hatte. Diese andere Mutter redete viel und gern über Geld, wenn sie sich mittags beim Abholen der Kinder trafen. Sie rechnete vor, wie viel die Zugehfrau mit Kochen, Waschen und Putzen verdiene und was für eine Verschwendung das sei. Und sie selbst habe gar keine Aufgabe, außer mittags die Tochter von der Kita abzuholen. Daraufhin rechnete die Klientin aus, wie viel sie verdienen würde, wenn sie von ihrem Mann so bezahlt würde wie die Zugehfrau der anderen Familie. Es kam ein gutes monatliches Gehalt zusammen, das sie jetzt von ihm einklagt.»

Hanna öffnete eine Flasche Sekt, und wir lachten uns tot.

«Vielleicht geht sie morgens vor ihrem Mann aus dem Haus und trägt in einer Sporttasche einen Putzkittel bei sich», schrie Hanna lachend und Sekt aus der Nase prustend. «Im Garten zieht sie sich um, und dann, kurz bevor der Mann das Haus verlässt, klingelt sie an der Tür. Ihr Mann öffnet und bittet sie herein. ‹Schöne Grüße von meiner Gattin›, sagt er. ‹Und bitte heute auch mal dran denken, die Bücherregale abzustauben.›»

«Nie im Leben kommt er auf die Idee, die Bücherregale abstauben zu lassen», sagte Laura und ließ den Pürierstab aufheulen.

«Papa Roberto achtet andauernd darauf, dass die Bücherregale regelmäßig entstaubt werden», sagte Lotta. «Staub zerstört das Papier und ernährt Milben.»

«Wird in der Unibücherei abgestaubt, Mama?», fragte ich.

«Nicht von mir», sagte Hanna, und wir lachten noch mehr.

Laura hatte den Pürierstab ausgestellt und machte das Radio an. Wir prosteten uns zu, und es tönte *Last Christmas*. Hanna stimmte sofort ein in den Song, Lotta auch, und sie fingen eng umschlungen an zu tanzen. Ich fragte mich, wieso Hanna diesen Song kannte. Wieso fand sie ihn gut? Wieso konnte sie nicht einmal im Leben konsequent sein und wirklich nichts anderes kennen als Deutschlandfunk? Ich entschied mich in derselben Sekunde, George Michael zu hassen. Ich wollte ab jetzt ein Independent-Musik-Teenager sein. Das würde Hanna nicht kennen. Das war Musik, die sie nirgendwo würde entdecken können.

Hanna und Lotta tanzten sich an Laura heran, die sich bereitwillig in das Knäuel hineinziehen ließ. Dabei schmierte sie Ricotta an Lottas Bluse.

«Du schmierst Ricotta an Lottas Bluse», sagte ich und ging rückwärts, weil die George-Michael-Walze auf mich zu kreiselte.

«Lotta-Ricotta, wenigstens reimt es sich.»

Lotta war von positivem Denken nicht abzubringen an diesem Abend. Die drei walzten jetzt zielgerichtet auf mich zu.

Für den einzigen Teenager im Raum wurde die Situation unerträglich. Ich wurde in die Mitte des Knäuels gedrängelt und erstickte fast unter ihren Umarmungen. Sie sangen lauthals in meine Ohren, und ich konnte nicht anders, ich musste lachen.

Als ich nach Hause kam, saß Bow vor dem Fernseher. Hanna hatte mir Tortellini für ihn eingepackt. Er habe schon gegessen, sagte er und ging schlafen. Die Tortellini stellte ich in den Kühlschrank. Vier Wochen später schmiss ich sie weg.

Das Leben nach der Familie bestand aus Einzelunternehmungen. Frühstück mit Bow, Mittagessen mit Hanna. Den Rest der Zeit jeder und jede für sich. Hannas Famamalieninitiative hatte dieses Muster aufgelockert. Als Nächstes versuchte sie es mit Sonntagsausflügen. «Nur wir zwei», sagte sie, meinte aber «Wir beide gemeinsam aushäusig, sonst drehen wir durch».

Manchmal mieteten wir am Sonntag ein Tretboot. Danach gingen wir ins *Haus am See.*

«Schön, dass wir zwei ein bisschen Zeit zusammen verbringen», sagte sie und kritzelte nebenbei auf eine Serviette.

«Was machst du da?»

«Nichts», sagte Hanna. «Nur eine Idee.»

«Eine Idee für dein Buch?», fragte ich leicht aggressiv.

Hanna schrieb an ihrem zweiten Buch und ging mir seit Wochen auf die Nerven damit. Ständig war sie unruhig und nervös. Und jetzt auch noch hungrig. Seit einer halben Stunde kämpften wir um die Aufmerksamkeit des Kellners. Hanna konnte nicht bestellen, wollte es aber unbedingt. Wenn endlich ein Kellner an den Tisch kam, wurde sie rot. Sie räusperte sich so lange und heftig, dass die Frage im Raum stand, ob sie je würde eine Bestellung aufgeben können.

«Ich möchte einen Kiba bitte und einmal Königsberger Klopse», sagte ich.

Die bestellte ich jedes Mal, wenn wir im *Haus am See* aßen, seit meiner Kindheit.

«Da hat sich aber jemand vorgedrängelt», zischte Hanna zwischen zwei verlegenen Hustern. «Und seit wann magst du Königsberger Klopse? Für mich bitte ein Mineralwasser. Nicht zu kalt und prickelnd. Mit Gas, hat Roberto immer gesagt. Ein unschuldiger Übersetzungsfehler. Auf Deutsch möchte man das nicht sagen. Das Wort Gas erweckt ganz andere Assoziationen.»

Der Kellner sah auf, ernst und verwundert.

Als wir kurze Zeit zuvor einmal zusammen im Theater gewesen waren, hatte sie sich in der Pause an der Theke auch schon um die deutsche Sprache im Alltag gekümmert. «Einen APFELsaft, bitte. Und einen ORANGENsaft. Auf gar keinen

Fall einen A- oder O-Saft. So viel Zeit muss sein», sagte sie, hustend und sich räuspernd.

«Sind Sie okay?», hatte die gestresste Bedienung gefragt.

«Nein, bin ich nicht. Ich kann gar nicht okay sein. Okay sein heißt, die deutsche Sprache nicht zu beherrschen und sich selbst mit der Synchronisation eines Westerns zu verwechseln. Mir geht es gut, falls Sie das meinen. Und das, obwohl ich bisher weder meinen APFELsaft noch meinen ORANGENsaft bekommen habe.»

Da gefiel sie mir plötzlich wieder. Sie kann schon lustig sein, dachte ich.

Der Kellner rauschte ab. Ich war gespannt, wie lange es dauern würde, bis er zurückkäme. Ich wartete nicht gern, und Hannas Art der Bestellung führte in jedem Restaurant dazu, dass wir lange warten mussten. Nie habe ich mich gefragt, ob sie mit diesen Nervositäten und Fehlhandlungen auf etwas reagierte, was ihr von außen entgegenkam. Ich dachte, sie ist schwierig, oder verrückt.

Wir saßen nicht am Mittagstisch, und Hanna hielt trotzdem einen Monolog. Ich wollte mir am liebsten die Tischdekoration in die Ohren stopfen. Hanna sagte, sie arbeite in ihrem Buch daran, den Osten wieder an uns heranzuholen. Begehbar zu machen, sagte sie, wie einen luxuriösen Kleiderschrank, aus dem man sich Stilbilder und Mythen herausnahm und anzog, die mit unserer westlichen Kultur ohnehin eng verwoben seien. Der Osten und der Westen seien eine Erfindung. Grenzen seien reine Erfindung. Denn wenn man den Osten und den Westen abziehe und die Erdkugel als das ansähe, was sie ist, rund und nicht flach wie im Atlas, dann kämen auf einmal alle aus der Mitte, und jeder gehöre überall dazu. Der Kontinent, auf dem wir lebten, sei eine ständig verschobene, willkürliche

Grenze, und es sei lächerlich, daran irgendetwas festmachen zu wollen. Alles sei Grenzland. Niemand komme irgendwoher oder gehöre irgendwohin.

Der Kellner kam zurück und brachte Zwetschgenkuchen und Filterkaffee und eine extra Schale Sprühsahne. Wann war das bestellt worden?

«Egal», sagte Hanna. «Ich esse den Kuchen. Wer weiß, wann ich wieder was kriege.»

Meine Königsberger Klopse waren vergessen worden. Das Mineralwasser mit Gas auch. Ich saß vor meinem Kiba, und Hanna redete und redete über ihr Buch. Das Buch sei wichtig, sagte sie, schließlich habe sie an der Uni aufgehört, alles auf eine Karte gesetzt. Dann holte sie Zettel aus ihrer Tasche, die wahllos hineingeknuddelt worden waren. Erst jetzt bemerkte ich, dass es keine Handtasche war, die sie den ganzen Sonntag herumtrug, sondern ihre rote Aktentasche. Die Aktentasche aus meiner Kindheit, die damals zu den Stiefeln gepasst hatte.

Sie las einen Zettel nach dem anderen bedächtig vor. Ich wollte nicht zuhören, ich wollte nicht mitmachen, und dann ertappte ich mich dabei, wie ich langsam die Rhythmen ihrer Sätze auf dem Tisch mitklopfte. Viele der Gedichte handelten von Hanna, von ihrem Leben allein. Ich war bestürzt und fasziniert. Ich sah sie jeden Tag für eine Stunde. Die Gedichte gaben mir eine Ahnung von den dreiundzwanzig Stunden ihres Tages, die ich nicht kannte. Wir vertieften uns gemeinsam in ihre Worte. Handgewobene Teppiche aus dem Orient konnten nicht schöner sein. Selbst ein fliegender Teppich hätte nicht besser sein können. Der Kellner kam und ging und brachte das, was wir wollten oder nicht, es kümmerte uns nicht mehr. Und erst als die letzte Sonntagsausflugsfamilie satt und müde das Lokal verlassen hatte, standen auch

Hanna und ich auf – wunderbar erholt von echter Tiefenkonzentration.

Auf dem Weg nach Hause waren wir beide erschöpft und glücklich. Wir trennten uns an der Ampel.

«Das machen wir nächsten Sonntag wieder», sagte Hanna.

«Fein», sagte ich.

Am Montagmorgen in der Schule trug ich mich für einen Extrakurs in Leichtathletik ein, der jeden Sonntag stattfand.

Die Erinnerungen werden nicht leichter. Seit der Beerdigung und meiner Ankunft in der latent kriegerisch gestimmten Wohnung habe ich nichts anderes getan, als mich von ihnen überschwemmen zu lassen. Das Bild, das mir beim Nachhausekommen die Tür versperrt hat, liegt noch immer im Flur und verstopft alle Wege. Ich stehe tatenlos mit dem Jane-Birkin-Foto in der Hand herum und kann nichts mit mir anfangen. Ich habe mich kaum gerührt seit meiner Ankunft, aber es sind Jahre vergangen in mir. Ich habe Bow gegenüber ein schlechtes Gewissen, weil ich nur an Hanna denke. Doch es lässt sich nicht aufhalten. Das schlechte Gewissen nicht und auch nicht die Erinnerung. Oder die Geschichte.

Einmal die Woche ging ich zum Konfirmationsunterricht. Die Gemeinde war in der Nähe, ein paar Stationen mit der Straßenbahn. Kurz vor der Konfirmation wurden die Eltern eingeladen, um den Pfarrer und die anderen Eltern kennenzulernen. Ich war nervös. Ich war älter als der Rest in der Gruppe, weil wir die Konfirmation wegen der Scheidung zwei Jahre nach hinten verschoben hatten. Es war schon peinlich genug, mit all diesen Kindern da zu sitzen, und nun sollten auch noch die Eltern dabei sein und in die Vorbereitung der Zeremonie eingebunden werden. Hanna hatte entschieden, dass sie und ich als Mutter-Tochter-Familie gehen würden. Sie wollte so gesehen werden, wie sie sich empfand: als alleinerziehende Mutter.

An diesem Tag gab es kein Mittagessen. Ich kam von der Schule, und sie saß im Morgenmantel am Schreibtisch und schaute mich wie etwas vollkommen Fremdes an.

«Was machst du hier?»

«Mittagessen?»

«Wieso jetzt?»

«Weil Mittag ist?»

Das war in den letzten Wochen schon ein paarmal vorgekommen. Der Abgabetermin für das Buch stand kurz bevor, er lag noch vor meiner Konfirmation. Gleich würde sie anfangen, ihr Portemonnaie zu suchen, um mich damit zum Italiener zu schicken, eine Pizza für mich und einen Salat für sie. Pizza war für mich etwas für Pyjamapartys mit Schulfreundinnen und vielen Videokassetten. Partys, wie ich sie aus amerikanischen Highschool-Filmen kannte, aber nicht aus dem echten Leben. Im Leben war ich entfremdet von den Gleichaltrigen und verbrachte viel Zeit allein in den diversen Programmkinos der Stadt. Die Eintrittskarten waren billiger als in den anderen Kinos, und die Säle waren leer, was seit der Trennung bestens zu meiner inneren Verfassung passte.

«Ich mache mir ein Butterbrot, während du dich anziehst, und dann gehen wir los», kam ich dem Pizzavorschlag zuvor. Hanna machte ihr trauriges Gesicht. Um sie nicht anzugucken, starrte ich auf das Foto aus Utes Garten.

«Oh nein, mein Schatz, ein Butterbrot? Und wohin gehen wir?»

«Zu meiner Konfirmandenstunde.»

«Ja, ja, ja, weiß ich doch, ich wollte dich nur ärgern. Ich bin gleich fertig.»

Ich saß eine halbe Stunde allein am Tisch, aß mein Butterbrot und las meine Bücherrücken. Dann stand ich auf und verließ die Wohnung. Als ich vor dem Aufzug stand, ging die Wohnungstür auf. Hanna trug weiterhin ihren Morgenmantel. Sie musste das Türklappen gehört haben, als ich gegangen war.

«Was machst du denn? Wir wollen doch zusammen zur Konfirmandenstunde gehen.»

«Wirklich?»

Ich sagte nicht: Ich warte seit einer halben Stunde, weil du mich vergessen hast, um weiterzuschreiben.

«Du lässt mich hier allein?»

Sie hatte mich vergessen, aber ich ließ sie allein. Irgendwann werde ich erschossen, und sie stirbt, schoss es mir durch den Kopf.

«Willst du mich bei der Konfirmandenstunde nicht dabeihaben?»

«Die Frage ist, ob DU dabei sein willst, Hanna.»

«Für dich immer noch Mama. Komm rein, Kleine. In zehn Minuten sitzen wir im Auto.»

Hannas Auto stand auf dem Hinterhof. Ich mochte den Golf nicht, und auch der Hinterhof löste jedes Mal ein ungutes Gefühl in mir aus. Zuhause war ein Ort ohne Hinterhof. Das Architektenhaus hatte eine Garage und daneben einen Stellplatz mit oder ohne Markise, keinen Hinterhof. Der ganze Hinterhof sprach zu mir in einem einzigen ständig wiederholten Satz: Mama wohnt hier und du nicht.

Um vom Hinterhof zur Straße zu gelangen, fuhr man durch eine kleine Hausdurchfahrt mit Rolltor, welches man mit einem Schlüssel in Bewegung setzte. Am Fuß einer Rampe musste man ganz nah an ein Schlüsselloch heranfahren, wie bei einer Schranke im Parkhaus. Oben Straße und Tor. Hunderte Male war ich dabei, wie der Golf sich dem Rolltor langsam näherte. Der Wagen kam so zum Stehen, dass Hanna vom Schlüsselloch zu weit entfernt war, um vom Fahrersitz aus den Schlüssel einstecken, und zu nah dran, um auf ihrer Seite aussteigen zu können. Der Zeitdruck tat in jenen Momenten sein Übriges. Wie auch an diesem Tag.

«Kannst du aussteigen und den Schlüssel reinstecken?», sagte Hanna gepresst. Ich war stinksauer. Ich hatte fast eine halbe Stunde auf sie gewartet, und SIE war nervös und fühlte sich unter Druck gesetzt.

Ich stieg aus, drehte den Schlüssel um und reichte ihn Hanna durch das geöffnete Fenster, damit sie schon mal den Motor anlassen konnte, während ich um das Auto herumging. Als ich mich setzte, war sie gerade fertig damit, das Fenster hochzukurbeln. Sie bekam den Autoschlüssel nicht ins Zündschloss, er fiel runter. Ich fischte ihn zwischen den Pedalen hervor.

«Mama, gib Gas, das Tor geht gleich wieder zu.»

«Du irritierst mich.»

Der Golf wimmerte und sprang an. Hanna startete und stoppte in der Mitte der Rampe, das Tor war noch auf.

«Anfahren am Berg, das finde ich ein bisschen knifflig.»

«Warum hast du angehalten?»

«Ich habe nicht angehalten. Ich muss hier vorsichtig am Berg anfahren. Es könnte jederzeit ein Fußgänger auftauchen, und den würde ich sonst überfahren. Steig aus und guck nach, ob da Fußgänger sind.»

Ich stieg ein zweites Mal aus und knallte die Autotür so laut zu, dass ich Angst hatte, mein Trommelfell würde platzen. Über das meiner Mutter machte ich mir keine Sorgen. Auf dem

Bürgersteig vor dem Tor schaute ich nach rechts und links, hinter mir ging das Rolltor runter.

«Mama, los!»

Sie gab Gas und setzte das Auto vor das Gitter. Ich schaute sie an. Dann stieg sie aus und lief nach unten zum Schloss.

«Ich muss das Rolltor wieder aufschließen.»

«Willst du nicht gucken, ob ein Schaden entstanden ist?»

«Ist ein Schaden entstanden?»

«Nein, aber wenn das Tor nicht da gewesen wäre, hättest du mich überfahren.»

«Ich sag ja, das ist gefährlich mit dem Anfahren am Berg und den Fußgängern.»

Sie drehte den Schlüssel im Schloss um, das Tor bewegte sich wieder nach oben. Dann setzte sie sich umständlich zurück in den Wagen und ließ ihn im Leerlauf zurückrollen.

Ich fing an zu zittern vor Wut. Ich wollte zu meiner Konfirmandenstunde, wo jetzt alle mit ihren Vätern und Müttern am Arm zusammensaßen und Prinz oder Prinzessin spielten. «Es geht hier nur um die Kinder», würde der Pfarrer in diesem Moment sagen, diesem heiligen Moment der Begrüßung, den wir gerade verpassten, weil wir versuchten, ein Auto von einem Hinterhof herunterzubewegen.

«Mach dir keine Gedanken wegen der Konfirmandenstunde», rief Hanna aus dem Auto heraus. «Mach dir lieber Gedanken, ob dein Rock für diesen Anlass nicht zu kurz ist.»

Hanna hatte das Fenster noch einmal runtergekurbelt, um mir das zurufen zu können.

«Keine Sorge, wir werden den besten Auftritt haben. Niemand, der etwas auf sich hält, macht es so wie alle anderen und ist pünktlich.»

Hannas Verachtung für diese schwächlichste aller Verhaltensweisen: es so machen wie alle anderen. Sie fuhr mit einem Ruck auf die Rampe.

«Wer etwas auf sich hält? Und was hältst du auf dich? Dass du die einzige dreimal Geschiedene im Raum bist und dass dein jüngstes Kind nachts so oft und so lange ausgehen darf, wie es will? Ich will so sein wie alle anderen. Ich will gezwungen werden, abends um neun still im Bett zu liegen und mich anständig zu verhalten.»

Ich sprach nichts davon aus. Ich schaute sie an und wartete darauf, von meiner Mutter überfahren zu werden.

Nach einer fünfminütigen Fahrt und fünfzehn Minuten Parkplatzsuche betraten wir den Gemeindesaal. Alle saßen im Kreis und stellten sich einander vor. Von der Tür aus rief Hanna in den Raum: «Tut mir so leid, die Verspätung. Meine Tochter hat ewig vor dem Spiegel gestanden und konnte sich nicht entscheiden, was sie anziehen will.» Ich stolperte dunkelrot hinter ihr her und setzte mich auf den einzigen freien Stuhl im Kreis. Hanna suchte gar nicht nach einem freien Platz, sondern ging in die Mitte des Kreises und schüttelte jedem in der Runde die Hand. Als ich an der Reihe war, lachte sie und sagte: «Dich kenne ich ja schon. Besorgst du mir mal einen Stuhl?» Die Mütter waren verärgert, die Väter neugierig, und die Jungs in der Gruppe strahlten. Die beiden rechts von mir, die schon den Hanna'schen Handschlag genossen hatten, sprangen auf, um einen Stuhl zu beschaffen, den sie zwischen sich stellten. Hanna nahm Platz, und in die Stille, die ihr Auftritt verursacht hatte, fragte sie: «Warum sagt denn keiner was?»

Später, viel später, in der Klinik am See, war alles an ihr unauffällig und ruhig. Selbst ihre fahrigen, lebendigen Hände. Sie flogen nicht mehr wild durch die Luft, wenn sie sprach. So oft hatte sie beim Reden rechts und links Vasen von Regalen oder Weingläser von gedeckten Tafeln gewischt. So oft hatten diese Hände mir einen Kinnhaken verpasst, Geschenke für mich eingepackt, Brei in meinen kleinen Mund geschoben auf einem sorgsam abgeleckten Löffel. «Eigentlich haben wir von jedem Gläschen nur die Hälfte bekommen», hatte Lotta einmal gesagt. «Der Rest ging an sie, beim Probieren, um die Temperatur zu testen. Du hast nie genug bekommen, um satt zu werden, deswegen bist du auch so verfressen.»

Die Schuld und die Liebe und der Zorn dazwischen. Das hatte Hanna einmal gesagt, als sie mir ein Stück Wurst vom Teller klaute.

«Den Geschwistern habe ich alles weggegessen. Schlimm war das. Die waren noch klein, und ich wusste, sie brauchten ihr Essen, sie mussten noch wachsen. Aber ich bin doch auch gewachsen, so schnell und so viel. Und wenn man die Kleinen ablenkte, dann guckten sie nach oben, und schon stahl ich von ihrem Teller.» Mit ihren diebischen Händen, die zuletzt nur noch still und gekrümmt in den Taschen ihrer Strickjacke gelegen haben.

Ich liege auf dem Rücken auf meinem Sofa und strecke die Beine in die Luft. Das haben wir sonntagmorgens im Bett manchmal zusammen gemacht. Die Bettdecke hing lose von den Beinen herunter und bildete ein Zelt. Hanna hatte uns dabei vom Bettentipi mit ihrer Mutter in der ersten Wohnung in Alsfeld erzählt. Niemand sprach hochdeutsch in der kleinen Stadt, und Hanna und ihre Geschwister konnten kein Hessisch. Ihre Mutter verabscheute den Dialekt.

«Kühbiss un Tschocklade», riefen die Kinder unter der Decke, um den Dialekt zu üben, und zogen Tita damit auf. Tita wollte kein Hessisch aus den Mündern ihrer Kinder hören. Alle hatten die Beine in der Höhe, das warme Zeltdach über dem Kopf. Oma Tita schüttelte sich vor Ekel.

«Nie wieder sagt hier irgendjemand Kühbiss oder Tschocklade. Wir kommen aus Berlin. Und wenn ihr zu faul seid, hochdeutsch zu sprechen, dann wird wenigstens berlinert.»

«Wie jeht denn ditte?», fragte dann eines der Kinder, und alle schrien vor Lachen.

Seit der letzten Scheidung trug Hanna einen Siegelring aus der Familie ihrer Mutter. Woher der plötzlich gekommen war und wie er den Krieg überlebt hatte, wusste kein Mensch. Mein Verdacht war, Hanna hatte ihn in einem Antiquitätengeschäft gekauft und tat so, als sei es Erbe. Sie war eine große Anhängerin von dem, was man heute Fake nennt. In einem Theaterstück, das in Hannas Studienjahren viel gespielt worden war, trug die Titelfigur, die «Irre von Chaillot», ihre falschen Perlen so lange, bis sie echt wurden. Hanna bewunderte diese Technik seitdem.

Wenn sie bei einer Lesung ihr Manuskript hochhielt, sah man ihre Hände, und das sei unberingt nicht schön, fand Hanna. «Zu irgendwas muss ich dazugehören», sagte sie.

«Ich denke, du gehörst zu uns Töchtern? Wie wäre es mit einem Töchterring?»

Hanna ging nicht auf mich ein. Vielleicht hatte ich wieder nur gedacht und nicht gesprochen.

«Eine junge Frau kann frei sein und muss niemandem gehören, denn jeder will sie. Eine Frau, die nicht mehr jung ist, muss zu irgendetwas dazugehören, sonst ist sie nur gefallenes Obst, das höchstens Frutarier interessiert.»

Ein seltsamer Vergleich, dachte ich und hörte fallendes Obst plumpsen. Und außerdem – wer denkt so über Frauen?

Durch den Ring gehörte sie zu einem Familienclan mit

Wappen. Es war ihr völlig egal, ob es ihre Familie war oder eine andere. Vor ihren Auftritten trug Hanna den Ring stundenlang in der Wohnung ein, fingerte unablässig daran herum. So auch am Abend ihres großen Auftritts. Sie ging auf und ab und drehte am Siegelring, ich saß am Esstisch und drehte an meinem Serviettenring mit den Veilchen. Er wanderte durch meine Finger wie ein Rosenkranz. Wieder und wieder betastete ich jedes einzelne Veilchen, und zwischendurch erholten sich die Kuppen meiner nervösen Finger auf der einzigen glatten Fläche am Ring, dem Wappen einer weiteren unbekannten Familie. Die Serviettenringe hatte Hanna nach der Scheidung auf einem Flohmarkt erworben. Ich war dabei gewesen.

Am Abend hatte Hanna eine Gruppenlesung in der Kölner Philharmonie, wir Töchter würden alle da sein. Laura, Lotta und ich gingen selten gemeinsam zu Hannas Veranstaltungen, aber eine Gruppenlesung in der Philharmonie, da half keine noch so starke Ausrede. Auch Klaus und Roberto wollten kommen.

Hanna rannte, statt zu essen, zwischen Küche und Wohnungstür hin und her. Die ganze Zeit in meinem Rücken. Ich schaute zum Fenster hinaus, auf die Dächer der Nachbarhäuser. Auf der Spitze des Kirchturms saß ein goldener Wetterhahn und zeigte die Windrichtung an. Hanna kämpfte mit einem Paar Stiefel, die sie nicht richtig schließen konnte, der Reißverschluss ließ sich nicht hochziehen. Sie kann unmöglich an der Wade zugenommen haben, dachte ich.

«Ich kann unmöglich an der Wade zugenommen haben. Wenn die Zuhörer herausfinden, wie dumm ich eigentlich bin, verkaufe ich kein einziges Buch.»

«Das kann doch gar nicht passieren», murmelte ich zaghaft.

Alles, was ich ab jetzt sagte, konnte und würde gegen mich verwendet werden.

«Wieso nicht?»

«Weil du nicht dumm bist.»

«Woher sollen die Leute das wissen?»

«Sie sind gekommen, weil sie es wissen.»

«Sie haben vielleicht noch gar nichts gelesen von mir und kommen nur wegen der anderen Autoren. Sie denken vielleicht, ich habe das Buch nur zur Veröffentlichung gebracht, weil ich mit dem Verleger geschlafen habe.»

«Hast du mit dem Verleger geschlafen?»

«Jetzt werd mal nicht frech.»

Sie kramte weiter im Schuhregal.

«Aber ich hätte mit ihm schlafen können.»

Die Anspannung meiner Mutter brachte mich fast zum Platzen.

«So eine Lesung kann furchtbar danebengehen. Manche Worte ergeben geschrieben einen Sinn. Gesprochen sind sie vielleicht blanker Unsinn.»

Sie rieb sich einen imaginären Fleck aus dem Rock.

Hannas Auftritte waren dramatisch und voller genussvoller Gefahren. Gern ließ Hanna manchmal wie Ingeborg Bachmann beim Gang zur Bühne zunächst ihr Manuskript fallen. Zitternd und schüchtern sammelte sie dann die Blätter ein, räusperte sich leise, aber eindrucksvoll ins Mikrofon und entschuldigte sich.

Mit der Entschuldigung zu beginnen, dass man es wagt aufzutreten, ist nicht möglich. Mit der Entschuldigung, dass gerade eine dumme kleine Ungeschicklichkeit das sorgsam vorbereitete Programm durcheinandergebracht hat und nun improvisiert werden muss, dagegen schon. Es war der Versuch einer Art Kopfverhüllung, während sie den roten Teppich betrat.

Bei Proben im *OFF-ON-Theater* später, als ich erwachsen war, habe ich mich an diese Technik erinnert gefühlt. Klytaimnestra bereitet die Heimkehr ihres Mannes Agamemnon aus dem Trojanischen Krieg vor. Sie will ihn töten, will sich rächen, weil er ihre gemeinsame Tochter Iphigenie geopfert hat. Sie weiß aber, wie gut Agamemnon als Krieger, als Schlächter ist, wie stark, wie durchsetzungsfähig. Und wie linkisch und ungeübt im Schlachten und Morden sie selber. Also versucht sie, die Mithilfe aller Götter anzuzapfen, für den Gattenmord. Die teuersten Purpurgewänder werden zusammengenäht zu einem Vlies, über das hinweg Agamemnon ins Haus schreiten soll. Die Ehrung des menschlichen Kriegers soll die Götter mit solchem Neid erfüllen, dass sie später fröhlich helfen werden, wenn Klytaimnestra das Schwert erhebt. Der erste rote Teppich der Geschichte, mit einem Blitzlichtgewitter allein aus Augendeckelbewegungen beleuchtet. Jedes Auge, das den martialisch knallenden Stiefeln Agamemnons auf dem kostbaren Purpur folgt, schießt ein Foto der Erinnerung.

Vielleicht ist auch satte Einbildung und Selbstgefälligkeit ein Ziel, zu dem der Tritt auf purpurnes Gewand verhelfen kann. Selbstgefälligkeit schwächt die Kampfkraft, und kein Agamemnon wird mit Angriffen rechnen in diesem Zustand des wohligen Behagens über die Macht und Ausstrahlungskraft der eigenen Person.

Agamemnon kommt vor dem Tor des Palastes am roten Teppich an und fühlt sich tatsächlich geehrt. Aus seiner Sicht ist es das Mindeste, was er und seine Geliebte Kassandra von seiner Gattin, der Mutter seiner Kinder, zu erwarten haben.

Halleluja, denke ich bei der Probe, vor zweitausend Jahren hat dieser Dreck angefangen.

Hannas Selbstbewusstsein vor ihrem Auftritt ist riesig, wie das des heimkehrenden Kriegers, und winzig wie das der auf Rache sinnenden Klytaimnestra.

Wir Töchter saßen nebeneinander im Publikum und hielten uns an den Händen. Hanna betrat das Podium. Vor ihr hatten zwei junge Männer gelesen, die sich mit nervösen Gesten durch ihr langes Haar fuhren. Ich hatte nicht zugehört, ich war zu angespannt vor Hannas Auftritt.

«Oh mein Gott, hoffentlich lässt sie nicht wieder als Erstes alles fallen», raunt Laura in mein Ohr. Von der anderen Seite flüstert Lotta: «Ich hoffe, sie hat sich diesmal vorher überlegt, was sie liest, und hantiert nicht wieder mit ihren Zetteln rum, um ‹das Richtige für diesen Moment› zu finden.» Lotta macht Gänsefüßchen in die Luft, als sie vom richtigen Moment spricht. Faktisch nicht belegbar, der richtige Moment, ergo: Blödsinn.

Ich sitze in der Mitte, wenn wir nebeneinandersitzen. Ich bin eine Art Bandscheibe zwischen diesen beiden Wirbeln der Familie. Ich antworte nicht. Es wird gerade still im Saal, und ich kann nicht nur einer von beiden antworten. Also lieber ganz die Klappe halten. Beide stupsen mich mit fragendem Blick in die Seite, weil ich nicht reagiere. Roberto und Klaus sitzen hinter uns und klopfen ihren Töchtern ermutigend auf die Schultern. Niemand klopft auf meine Schulter.

Dann tritt Hanna aus der Seitenbühne ans Pult. Kein Blatt fällt auf den Boden, nur ihr Blick. Sehr konzentriert guckt sie nach unten, die Zettel fest in beiden Händen. Sie geht langsam und bedächtig, als laufe sie vorsichtig über einen zugefrorenen

See. Am Pult angekommen, räuspert sie sich so laut in ihre Hand, dass das Mikro eine Rückkopplung auslöst. Sie murmelt eine Entschuldigung. Da sind wir wieder. Sie hat dieses Mal einen anderen Weg genommen, aber das Ziel ist das gleiche: Entschuldigung, noch bevor ein einziges Gedicht gesprochen wurde. Genial.

Dann geht es los. *Ein Vogel müsste man sein.* Gleich das erste Gedicht handelt von ihrem Vater, der in Kurland eingekesselt ist und davon träumt, verschwinden zu können. Ich höre mit rauschenden Ohren Kurland und Papi und Vogel. Ein Wehrmachtssoldat wünscht sich an der Front, er könnte ein Vogel sein und wegfliegen? Handelt dieses Gedicht von der Angst vor dem Grauen? Oder von völliger Verantwortungslosigkeit? Er hat sich und Deutschland bis hierhin gebracht, aber nun verlässt ihn angesichts russischer Panzer der Kriegswille, und er will verschwinden? Oder soll es die Feigheit des jungen Mannes ausstellen? Ist die Angst eines Soldaten für die Dichterin etwas Schlechtes? In diesem Fall die Angst ihres Vaters? Oder ist die Angst etwas Gutes, weil dann und nur dann, wenn alle zu viel Angst haben weiterzumachen, ein Krieg auch wieder aufhören kann? Mein Gehirn zerfleddert wie ein abgetretener Teppich in einem lang nicht mehr renovierten Museum. Hannas Gedicht löst eine Art Implosion aus in meinem Kopf. Einen Mash oder Smash von allem, was ich je erlebt oder gesehen habe. Ein Vogel müsste man sein. Aber keine Weihnachtsgans, denke ich, das wäre nicht schön.

«Ein Vogel müsste man sein, sagte mein Vater. Er fiel in Kurland», wiederholt mein erregtes Gehirn Hannas eben laut vorgetragene Zeile. Geschrieben haben die Worte etwas Lakonisches, fast Beiläufiges. Laut ausgesprochen bedeuten sie etwas anderes. Hanna hatte bei dieser Zeile leicht den Kopf zur

Seite gelegt und von unten nach oben zum Publikum geblickt. Ihre Stimme will Lakonie ausdrücken, badet aber mit einem gewaltigen Crescendo der Untertöne in Vorwurf. Sie möchte uns vorwerfen, dass ihr Vater fallen musste, obwohl er doch gerne ein Vogel gewesen wäre. Warum, bitte schön, musste er fallen?, denke ich tobend. Weil er ein vor Ehrgeiz strotzender Soldat war, der an den Krieg und an die neue Heimat geglaubt hatte, für die Menschen vertrieben und vernichtet wurden. Wem will sie jetzt vorwerfen, dass er dafür sein Leben gelassen hat?

Niemand vertritt ernsthaft die Meinung, sein Soldatenvater sei eine arme Sau gewesen, dachte ich. Hanna schon, und das stellte sie klar mit ihrem Unterton. Ich sah mich verstohlen um, ob irgendwer beherzt nach seinem Programmheft griff, um es nach ihr zu werfen. Hanna las nun laut und deutlich, aber auch schwach und zitternd. Sie schaffte das gleichzeitig. Ich versuchte, es zu studieren und in mir zu speichern. Jahre später im Theater konnte ich es wieder hervorholen, und es war sehr effektiv.

Sie las ihre Worte, der Rhythmus war wundervoll, die Sprache breitete Bilder aus, die mir gefielen, aber plötzlich stand dieser verstorbene Papi auf einer weiten Flur aus Poesie und winkte nett. Grauenhaft. Ich wollte keinen netten Wehrmachtsgroßpapi.

In der Pause bestellten Laura, Lotta und ich im Erfrischungsraum demonstrativ O- und A-Saft. Man musste sich nicht die Zeit nehmen, um die deutschen Worte ganz auszusprechen. Deutsch musste überhaupt nicht sein.

Wir standen verschämt in der Mitte des Raums und versuchten, die Reaktionen um uns herum abzulesen, in Gespräche von anderen Besuchern hineinzulauschen. Hatte unsere Mutter den Vogel abgeschossen und Wehrmachtskitsch ausgestellt? Wir hörten nichts Negatives, allenfalls Auslassungen zu Vortragsweisen und Darstellungsmethoden. Es ging meist um andere Autoren, selten fiel der Name unserer Mutter. War es vielleicht nicht so wichtig, was wir hier gerade dachten, weil unsere Mutter eine mittelalte Frau war und sowieso niemand zuhörte, wenn sie sprach? Hatte ihr das Alter in den Mund gespuckt so wie Apollon der Kassandra, um ihre Rede unglaubwürdig und sinnlos zu machen?

Lotta verschluckte sich an ihrem O-Saft und hustete so lange und heftig, dass wir niemanden weiter belauschen konnten.

«Wie Bow», sagte Laura. «Der verschluckt sich auch so heftig.»

«Bow ist nicht mein Vater», hustete Lotta.

Aber stimmt das so ganz genau? Gibt es nur das vererbte Erbe? Gibt es nicht auch das abgeguckte und nachgemachte Erbe?

Jahre später, als in einigen Regalen der Stadt Hannas Bücher standen, als ihre Töchter längst ihre eigenen Wohnungen und Laura und Lotta ihre eigenen Familien hatten, suchte Hanna eines Abends in ihren Schränken nach Kerzen.

Sie war lange unterwegs gewesen, von einem Auftritt zum anderen. Nun war sie endlich zu Hause angekommen, und es war ihr zu dunkel. Sie fand Teelichter und Reste von Weihnachtskerzen in dem verschlossenen Fach neben ihren Büchern und stellte sie überall in der Wohnung auf. Dann ging sie raus, um an allen Türen im Haus zu klingeln und unter den Nachbarn eine Umfrage zu beginnen. Sind Sie zufrieden oder eher unzufrieden mit der Qualität des Müllraumes? Finden Sie den Fahrradraum auch zu klein? Wie bewerten Sie das Rolltor? Geht es nicht zu schnell wieder zu, wenn man versucht, mit dem Auto rauszufahren? Soll ich Ihnen Ihr Bücherregal neu sortieren? Auf einer Skala von eins bis zehn: Wie gern möchten Sie von jemandem das Mittagessen gekocht bekommen?

Im selben Moment stand ich an der Wohnungstür meiner WG und konnte nicht öffnen, ein Mitbewohner hatte von innen den Schlüssel stecken lassen, und niemand reagierte auf mein Klingeln. Zu Bow konnte ich nicht ausweichen, er wohnte zu dieser Zeit bereits in Berlin. Meine besten Freundinnen waren noch auf der Party, die ich gerade verlassen hatte und zu der ich auf keinen Fall zurückwollte. Also ging ich zu Hannas Wohnung, zu der ich einen Schlüssel besaß, und kam morgens um fünf an. Die Wohnungstür stand offen, und Hanna war nicht da. Alles war voller brennender Kerzen. Ich stand schockiert mitten im Raum und fing an, die Kerzen zu löschen. Da kam sie, gestützt auf einen studentischen Nachbarn, herein. Sie erzählte lang und fröhlich, dass sie gerade durchs ganze Haus gegangen sei und an jeder Tür geklingelt habe, um die Nachbarn zu fragen, warum es so dunkel sei.

«Wie haben die Nachbarn reagiert?», fragte ich verstört.

«Unten im ersten Stock war dieser reizende junge Mann», sagte Hanna. «Er findet auch, dass es überall zu dunkel ist. Er hat mich gefragt, wo ich wohne, und ich habe gesagt: ‹Ich weiß nicht mehr, aber ich habe die Tür offen gelassen, damit ich den Schlüssel nicht mitnehmen muss.› – ‹Das ist ja leicht zu finden›, hat er gesagt, ‹wie viele Türen werden um diese Zeit offen stehen, nicht wahr?›»

«Hier haben lauter Kerzen gebrannt, Mama.»

«Ja, Gott sei Dank, was? Endlich heller. Ich dachte, du freust dich über das Licht.»

Der junge Nachbar verabschiedete sich lachend, er kam anscheinend auch gerade von einer Party nach Hause und war zu stoned, um an der Situation etwas Ungewöhnliches zu entdecken.

«Und willst du jetzt schlafen?», fragte ich Hanna.

«Nein, natürlich nicht. Wer will denn schlafen? Ich sehe nur schlecht, wenn es so dunkel ist.»

Hanna war stolz auf ihre guten Augen gewesen. Ein Beweis dafür war ihre Treffsicherheit. Auf einem Schützenfest in Alsfeld war sie Schützenkönigin geworden. Wir haben die Geschichte zu oft gehört, um nachzufragen, wie jemand Schützenkönigin werden kann, der grundsätzlich nicht in Vereine eintritt. Wir fragten nie, mit welcher Waffe wo geübt worden war, warum die Alsfelder Gesellschaft, die sich sonst gegen die Flüchtlinge, die Ankömmlinge aus dem tiefen Osten, verwahrte, bei Hanna eine Ausnahme gemacht und ihr im Schützenverein ohne Mitgliedschaft erlaubt hatte, am Wettschießen teilzunehmen. Dass wir die ehemalige Schützenkönigin kein einziges Mal in unserem Leben haben schießen sehen, hat uns nie gewundert. Die Geschichte von der Schützenkönigin stand im Buch Hanna, und wir glaubten an sie.

Vielleicht hat sie wirklich niemals geschossen. Aber sie konnte gut davon erzählen. Und ist es dann weniger wahr? Selbstbewusstsein gehört beim Schießen unbedingt dazu, hatte Hanna gesagt. Du kannst niemals alles genau sehen und sekundenschnell berechnen. Du musst daran glauben, dass du todsicher treffen wirst.

Wir Töchter und Bow schossen auf jedem Jahrmarkt. Hanna stand als Einzige daneben und machte nicht mit. «Ich will euch Kindern nicht die Laune verderben mit meiner Treffsicherheit. Der Wettbewerb wäre nicht fair.» Wir bettelten oft, dass sie uns ihre Künste vorführt, dass sie uns einen riesigen Bären schießt. Wir versprachen, hinterher nicht zu streiten, wer den Bären bekommt, doch Hanna ist nicht ein Mal schwach geworden.

«Du siehst nicht schlecht. Es ist auch nicht dunkel. Es ist früher Morgen, und wir gehen jetzt schlafen», sagte ich, nachdem die Tür geschlossen und die Kerzen gelöscht waren. Hanna ließ sich erstaunlich widerspruchsfrei ins Bett bringen. Ich legte mich in der Wohnküche aufs Sofa und dachte darüber nach, was passiert war. Sollte ich Hanna zum Arzt bringen? Aber zu welchem? Was genau war ihr Symptom? Nächtliche Ruhestörung?

Am Vormittag sah ich, dass ihre Füße geschwollen waren. Ich schob sie in die Straßenbahn und brachte sie zu ihrem Internisten. Geschwollene Füße waren etwas, das man sehen und behandeln konnte. Ich wusste, sie würde nicht allein hingehen, also begleitete ich sie. Es kam kein Widerstand von ihr.

Irgendetwas an unserer Begegnung in der Nacht zuvor hatte auch Hanna zugesetzt. Ihre Stimmung blieb dennoch weiter aufgekratzt und munter. Keine Silbe zu mir über irgendwelche Bedenken zu ihrer Gesundheit. Sie war die Beste, die Stärkste, die Größte, und wir Töchter waren alberne Angsthasen.

Mit Hanna zum Arzt zu gehen, bedeutete so viel wie, mit Hanna im Vaudeville aufzutreten. Jeder Stand-up-Comedian hätte eine Lehrstunde nehmen können. Sie konnte ihre Schuhe nicht anziehen, weil ihre Knöchel so dick wie bei einem Elefanten waren. Sie trug deswegen die Badelatschen, die ich ihr hingestellt hatte. Badelatschen an einem Tag im November, und in der Praxis überzeugte sie den Arzt davon, ihre Füße seien völlig normal, die anderen Schuhe seien nur beim Schuster. Mein Protest wurde von ihrem ungeheuren Charme und ihrer Energie ausgehöhlt: «Ich habe die ganze Nacht getanzt heute, deswegen sind meine Füße vielleicht ein bisschen platt getreten oder haben eine Blase, mehr nicht. Aber die sind doch nicht dick. Finden Sie die dick? Meine Füße sind nicht dick und nicht geschwollen. Meine Tochter ist bloß eifersüchtig, sie kennen doch diese jungen Leute – wenn die Eltern mal über vierzig sind, sollen sie am besten um fünf schlafen gehen und Essen auf Rädern bestellen. Aber wir haben eine reizende

Hausgemeinschaft und feiern gern zusammen. Alles Studenten bei uns im Haus. Und da tanzen wir viel, Polka und andere Sachen. Wir trinken gern Wodka, wissen Sie.»

Der Arzt nickte verständnisvoll und schrieb ein Rezept. «Nehmen Sie ein paar Vitamine. Jetzt in der dunklen Jahreszeit kann man sich ruhig ein bisschen aufpäppeln.»

Ich wusste nicht, was ich sagen sollte. Wie konnte dieser promovierte Mann und strenge Vertreter der Schulmedizin ihr diese Geschichte abkaufen? Warum widersprach ich nicht? Ich war ja dabei gewesen. Ich wusste ganz genau, dass niemand getanzt hatte, dass die Wohnung leicht hätte abbrennen können und dass Wasser in den Füßen nicht gesund ist und auch nicht vom Tanzen kommt.

Wir gingen wieder nach Hause. Der Arzt hatte mir beruhigend auf die Schulter geklopft: «Es ist nett, dass Sie Ihrer Mutter helfen wollen, aber es geht ihr gut, Sie sehen es ja.»

Zwei Tage später hatte sie eine Lungenembolie und musste vom Notarzt abgeholt werden. Es war Mittwochabend. Nach wie vor verbrachten wir alle paar Monate zusammen einen Famamalienabend, schon lange ohne Diät und nur selten mit den Schwestern. Ich hatte neben ihr gesessen, als sie vom Stuhl kippte, eine Gabel mit einem Heringshappen in der Hand.

«Wasser in den Füßen? Na, da ist aber klar, dass die Lunge ein Problem hat oder das Herz. Wieso hat das niemand behandelt?», fragte mich die Notärztin, und ich fing an zu weinen, aber sehr leise, denn Hanna mochte es nicht, wenn andere weinten.

«Lache, Bajazzo, lache!», krächzte sie unter ihrer Sauerstoffmaske.

Das war einer ihrer Lieblingssatzbausteine. «Lache, Bajazzo!», sagte sie, wenn sie wusste, es ging ihr nicht gut, aber niemand würde ihr zuhören, niemand würde es ihr glauben. Sie lachte, dann merkte es keiner, nicht einmal sie selbst.

Hanna blieb zwei Wochen im Krankenhaus, dann war die Krankheit überstanden. In diesen zwei Wochen sammelte ich alle Kerzen und Streichhölzer in ihrer Wohnung ein und versteckte sie in der hintersten Ecke von Hannas Vorratsraum.

«Sie kann die Kerzen im Kabuff doch finden», hatte Lotta am Telefon gesagt. – «Hanna nicht», sagte ich, und das stimmte. Hanna konnte wirklich viel, doch finden konnte sie nicht. Was nicht da war, wo es hingehörte, wurde gelöscht auf ihrer inneren Landkarte von Dingen, Büchern und Gefühlen. Ich räumte das verschlossene Regal neben den Büchern aus, aber ich fand Kerzen hinter den Vorräten in der Küche, auf dem Schrank im Schlafzimmer, im Schuhregal und im Badezimmerschrank. Vielleicht hatte sie nicht das erste Mal ein Kerzenmeer aufgestellt? Vielleicht hatte ich es nur das erste Mal gesehen?

Lange nach ihrer Operation wird mich eine umsichtige Krankenschwester in der Rehaklinik aufklären, dass eine Raumforderung im Kopf zunächst den Raum verdrängt und dann, wie im Fall meiner Mutter, die Sicht verengt. Eine Raumforderung kann zu einem Tunnelblick führen, und rechts und links vom Tunnel kann dann nur Dunkelheit wahrgenommen werden. Viele Patienten haben die Hoffnung, ihn mit mehr Licht etwas erhellen zu können. Sie tasten herum auf dem schwierigen Pfad von ihrem Inneren zum Äußeren und zurück. Die Kerzen halfen Hanna, mit ihren seltsamen Zuständen und deren Auswirkungen klarzukommen. Die Töchter anzurufen und davon zu berichten, war für sie keine Option. Jammern oder Angst haben oder krank sein – keine Option. Sie ist die Mutter und dreimal geschieden. Sie zündet lieber ihre eigene Wohnung an, als sich von einer Tochter helfen zu lassen – ist am Ende die bessere Geschichte. Elefantenfüße und Herzprobleme, wer will das hören? Wodka und Tanzen mit den Nachbarn, schon besser. In Flammen aufgehen wegen Poesie und Wahnsinn – phantastisch! Das ist Stoff. Das kann man erzählen. Erzählen kommt vor Gesundheit.

Ein paar Wochen nachdem sie aus dem Krankenhaus zurück war, sah ich zu, wie sie versuchte, ihre Schnürstiefel anzuziehen und die Schnüre nicht erkannte. Diesmal brachte ich sie zum Psychiater. Er hörte sich ihre Geschichte in aller Ruhe an: «Mein Mann war in Moskau zu einem Symposion über Aufbau und Architektur eingeladen. Die Russen haben Kaviarschalen so groß wie Gänsebräter auf den Tisch gestellt. Mit Esslöffeln hat man sich daraus bedient. Dazu hatte jeder eine Flasche Wodka neben sich, und reihum wurde ein Trinkspruch gesagt. Nicht Prost, und fertig, es musste schon etwas Literarisches sein. Ich habe Dichtung rezitiert – ‹Du Freundchen, Narr und Nüsschenknack!›. Die russischen Architekten waren außer sich und haben mich auf den Tisch gehoben. Ich habe getanzt und mein Glas hinter mir an die Wand geworfen.»

Vom zweiten Teil der Geschichte glaube ich jedes Wort. Ich bin sicher, sie hat damals die russischen Architekten begeistert, und Bow wurde unsichtbar neben ihr. Er war kein unauffälliger, leicht zu übersehender Mann, doch wenn seine Frau auf dem Tisch tanzte – mit den Füßen oder nur mit Worten und Blicken, das machte bei ihr keinen Unterschied –, verschwand er daneben.

Der Psychiater lachte wohlwollend und reichte mir ein Rezept für ein Beruhigungsmittel. «Nehmen Sie alle paar Tage eine.»

«Wir sind nicht wegen mir hier», sagte ich schwach.

«Kein Problem», sagte der Psychiater lächelnd und schob uns aus seiner Praxis.

«Ich hab's dir doch gesagt, Lauretta», triumphierte Hanna im Treppenhaus.

Das war das Neueste, ich war seit dem Vortag «Lauretta». Wahrscheinlich wollte sie mich ärgern, indem sie mich mit einem neuen Spitznamen für Laura bedachte. Aber so etwas perlte seit Jahren an mir ab.

«Ich hab es dir doch gesagt, Laurettalein, du machst dir ganz komische Gedanken und Sorgen, und ich weiß gar nicht, worüber.»

Wir gingen eine neue Lampe kaufen. Ich hatte akzeptiert, dass es ihr insgesamt zu dunkel war. Den Blick durch den Tunnel, von dem sie laufend sprach, hielt ich zu diesem Zeitpunkt für ein Wortgemälde. Später wusste ich, sie hat akkurat ihren Zustand beschrieben – Jahre später, wenn ich nachts wach herumlag, ein Kobold tonnenschwer auf meinen Brustkorb drückte und ich zum Smartphone griff und ihre Zustände googelte. All die Zustände, die die Tochter den Ärzten nicht hatte darstellen können. Ärzte tun sich anscheinend schwer damit, Symptome zu erkennen, und Töchter tun sich schwer damit, sich gegen den Schwall von Geschichten ein Dammwerk zu bauen. Es war nicht Hannas Schuld. Sie hatte zu viel Charme und Energie.

Am folgenden Mittwoch fuhr ich sie mit ihrem Golf in die Nervenklinik. Hier halfen die Geschichten nicht, sie wurde dabehalten. Hier wurde Hanna nach ihrem Serotoninspiegel beurteilt und nicht nach Charme. Die Ärztin sagte, sie würden Hanna wieder richtig einstellen.

Gut ein Jahr später war Hanna noch immer in der Nervenklinik. Auf ihrer Station wurden die Patienten beschäftigt, beobachtet und mit Tabletten behandelt. Ostern stand bevor, und die Stationsärztin machte Hanna den Vorschlag, die Feiertage zu Hause zu verbringen. Ihre Werte hatten sich verbessert, und die Ärztin wollte, dass Hanna testet, wie sich die Rückkehr ins normale Leben anfühlt. Wir Töchter unterstützten das Vorhaben und knobelten aus, wer Ostern mit Hanna in ihrer Wohnung verbringen würde. Ich verlor das Spiel. Ich weiß nicht, was das für eine Magie ist, die älteren Schwestern in der Kindheit beigebracht wird, aber ich weiß, dass sie existiert.

Gründonnerstag am Abend, als sich der größte Teil der Ärzte und des Pflegepersonals bereits in die Feiertage verabschiedet hatte, sollte ich sie mit dem Taxi abholen. Sie freue sich darauf, das Krankenhaus zu verlassen, hatte sie Tage zuvor am Telefon gesagt. Aber sie habe Angst vor dem Zustand der Wohnung, sie sei so lange weg gewesen. Ich sagte ihr, dass da nichts zu befürchten sei, alles sehe aus, wie sie es kenne, die Nachbarin kümmere sich um die Pflanzen. Und wenn die Nachbarin verreist sei, gösse ich die Blumen und räumte ein bisschen auf. Das stimmte nicht ganz, doch sie hatte früher sehr positiv auf Aufräumen reagiert, wenn sie in einer nervösen Klemme war – und ich konnte am Telefon hören, dass sie sich eindeutig in einer nervösen Klemme befand. Sie sagte auch, dass da ein Feuer in ihr drin sei und von innen alles auffresse. Seit den Elefantenfüßen hatte ich aufgehört zuzuhören, wenn Hanna über ihren Körper sprach.

Als wir an ihrer Wohnung ankamen, war Hanna entsetzt. «Ich kann hier nicht rein», flüsterte sie, in den Türrahmen geklemmt, während ich von hinten versuchte, unauffällig zu schieben. Sie rutschte dabei tiefer in sich hinein. Von zwei Seiten geschoben, verschwand sie in sich selbst. Ich war hinter ihr, von vorne drückte die Wohnung mit ihrer abgestandenen Leere. Dazwischen nur noch ein winziger Hauch Platz für Hannas vom Krankenhausalltag erschöpften Körper.

Ich wurde wütend. Ich wollte, dass sie sich freute und mir dankbar um den Hals fiel, weil sie endlich ein paar Tage zu Hause sein konnte. Stattdessen: «Schockschwerenot» – noch einer von ihren Fertigbausätzen. Nichts kann man ihr recht machen, dachte ich ungeduldig. Meine Mutter war «irritiert» – ihr Wort für diese Zustände; eigentlich fast ein Kosewort für die unendlich vielen Momente ihres Erwachsenenlebens, in denen sie nicht gewusst hatte, wer sie war, wo sie war und was die Situation erforderte. Oder sie wusste es ganz genau und war nur verstört, weil die Situation sich ganz anders darstellte als in ihrer Vorstellung. Irritationen in alltäglichen Situationen. Als Kind hatte ich fassungslos danebengestanden. Die meisten Situationen, denen ich damals begegnete, hatte ich noch nie erlebt. Aber eine Mutter sollte sich auskennen und nicht irritiert sein. Hanna war ständig irritiert.

Der Blick auf die eigenständige, rachsüchtige Wohnung jetzt irritierte sie enorm. Endlich hatte ich sie über die Schwelle geschoben. Im Flur stand eine kleine Bank. Sie nahm Platz, im Mantel und ohne die Mütze abzusetzen. Ihre Augen waren vor Schreck geweitet. Meine Ungeduld zog alles in mir zusammen, wie ein Faden, der einen Sack zuzieht. Der dunkle Faden der letzten fünfzehn Jahre. Fünfzehn Jahre zuvor war sie aus dem Architektenhaus ausgezogen und hatte mich nicht mitgenommen. Ich hätte auf der Stelle fünfzehn Jahre Wut und Enttäuschung herausbrüllen können. Stattdessen hievte ich sie von der Flurbank hoch und brachte sie wortlos zurück in die Klinik. Ich gab sie entnervt bei der Stationsschwester ab, die sehr frostig reagierte, und ging alleine zurück in die Wohnung.

Es war alles ein bisschen schmutzig, das sah ich auch. Aber war das ein Grund, nicht einmal eine Nacht im eigenen Bett schlafen zu wollen? Ich setzte mich an den Esstisch und schaute auf die Bücherrücken: alle da, wo sie hingehörten. Pisso, Linkerhand-Luchterhand, Nadeschda Mandelstam. Gestärkt stand ich wieder auf. Vielleicht sollte ich ein bisschen putzen. Vielleicht würde Hanna am nächsten Tag der Wohnung eine zweite Chance geben, wenn ich ihr sagte, dass alles sauber war.

Ich suchte nach dem Staubsauger und fand ihn in seinem Schrank, daneben einen blauen Müllsack voll mit Einkaufstüten von Supermarkt Voss, der zwölf Jahre zuvor geschlossen worden war. Herr und Frau Voss, die Lebensmittelhändler meiner Kindheit, waren damals in Rente gegangen. Die Voss-Tüten waren randvoll mit sauber abgewaschenen Aluminiumdeckeln von Joghurtbechern. Die gesammelte Wertstoffkunde und Nachhaltigkeitserziehung meiner Sachkundelehrerin in einer Matrjoschka aus Müllbeuteln. Anhand des aufgedruckten Ablaufdatums auf den Deckeln konnte man sich in diesem Sack rückwärts in meine Schulzeit zurücklesen. Unser Streit von damals hatte über die Jahre zu diesem riesigen Vorrat geführt. Hanna hatte mich für meinen ernsten Ton in dieser Sache mit Blicken und Stimmungen und Verachtung bestraft und dann nie wieder aufgehört zu sammeln und zu trennen. Doch machte sie sich nicht die Mühe herauszufinden, wo man das Gesammelte abgab. Und ich tat es auch nicht. Wir hatten darüber gestritten, danach war das Thema nie wieder aufgekommen.

Ich suchte auf Hannas Computer nach dem nächstgelegenen Wertstoffhof, dann brachte ich die Säcke mit dem Aufzug hinunter. Der goldene Golf stand seit einem Jahr an Ort und Stelle und wartete auf eine Ausfahrt.

Ich betrat den Hinterhof mit gemischten Gefühlen. Auch jetzt, nachdem ich viele Jahre in einer eigenen Wohnung lebte, hörte ich ihn wie damals zu mir sprechen: Hier wohnt Mama und nicht du.

Das Rolltor passierte ich ohne Zwischenfälle. An der Ampel wurde mir kurz mulmig, aber die Fahrt zum Wertstoffhof wirkte beruhigend. Am nächsten Morgen würde ich wieder in die Klinik fahren und es noch einmal probieren. Ich würde kein Taxi nehmen, sondern den uralten Golf, vielleicht machte es ihr Freude, darin gefahren zu werden. Vielleicht würde sie sogar selber fahren wollen.

Tags darauf lag Hanna in ihrem Bett, als ich kam. Normalerweise lief sie tagsüber auf der Station oder im Garten herum. Ich schaute sie näher an und merkte, dass sie fieberte. Eine Blasenentzündung, meinte die Schwester, als ich sie in ihrem Zimmer aufsuchte. Die Assistenzärztin habe ihr am Morgen ein Antibiotikum gegeben, nachdem Hanna gesagt habe, es brenne ein Feuer in ihr, womit wohl das Wasserlassen gemeint gewesen sei. Wohl gemeint gewesen sei? Hatte Hanna sich über Brennen beim Wasserlassen beschwert oder nicht? Wie konnte es da Zweifel geben?

Ich ging zurück in Hannas Zimmer. Hanna streckte ein Bein unter der Decke hervor, und ich sah, dass sie vollständig bekleidet war. Sie lag da, als würde sie versuchen abzuhauen. Als wollte sie im ersten unbeobachteten Moment herausschlüpfen und fliehen. Sollte das ihr Vorhaben sein, konnte ich es ihr nicht verdenken. Aber es wunderte mich. Schließlich konnte sie es leichter haben und sich offiziell beurlaubt von mir mitnehmen lassen.

«Hanna, was ist los?»

Ich setzte mich auf den Bettrand.

«Mir ist heiß. Die werden mich nicht rauslassen. Die Schwester ist sehr streng, aber ich habe ein paar Witze gemacht, und dann war sie gar nicht böse auf mich.»

«Warum soll sie denn böse auf dich sein?»

«Weil ich Fieber habe und sie extra das Antibiotikum von einer anderen Station holen musste.»

«Aber Mama, das ist doch ihr Job.»

«Ja, aber sie macht ihn nicht gerne, und die Patienten machen nichts als Scherereien.»

Ach, Mama.

«Und wo kommt die Blasenentzündung plötzlich her?»

«Was denn für eine Blasenentzündung?»

«Die, wegen der du das Antibiotikum bekommst.»

«Ich habe keine Blasenentzündung. Die spinnen, ich habe bloß Fieber. Aber ich nehme das Antidingsbums, dann ärgert sich die Schwester nicht. Was man hat, das hat man.»

Wir schauten ein bisschen zum Fenster raus. Beide mit den eigentümlichen Rätseln dieses Morgens beschäftigt.

«Ich will nur, dass der Puz auch mitkommt. Für den ist das hier nix.»

«Welcher Puz – der Hund?»

«Wieso Hund? Wer redet von einem Hund? Ich rede vom Krankenhaus. Für einen Dackel ist das keine Umgebung hier.»

Spätestens jetzt hätte mir klar werden müssen, dass alles fundamental aus den Fugen geraten war. Puz, der Dackel, den die kleine Hanna auf der Flucht verlassen hatte und der in ihrem Herzen und ihrer Phantasie seitdem den Weg zu ihr gesucht hatte, hatte sie gefunden. Und sie wollte ihn nicht mit dem Krankenhauszimmer belasten. Die Erde unter Hannas Füßen, ein gemischter Haufen aus Geschichten, Anekdoten und breitem literarischen Wissen, auf dem sie schon vorher unsicher gestanden hatte, war endgültig weggerutscht.

«Wo ist Papa?»

«Welcher Papa? Meinst du Papi?»

«Wie kommst du denn da drauf, bist du irre? Mein Papi ist am 6. November gefallen, wieso sollte ich mich fragen, wo der ist? Wo Klaus ist, will ich wissen. Interessiert ihn denn gar nicht, was ich mit dem Heiligen Gral vorhabe?»

«Ich weiß es nicht, Hanna. Und Bow ist mein Vater, nicht Klaus.»

«Sag mal, spinnst du? Ich habe doch nicht mit Bow geschlafen.»

Dann wollte Hanna an die frische Luft. Auch wegen des Hundes. Der müsse sich die Beine vertreten. Sie war so wackelig, dass ich gegen den Protest der Krankenschwester einen Rollstuhl organisierte. Ich schob Hanna zwei Stunden durch den österlichen Krankenhausgarten.

Hanna wollte unbedingt zum Ententeich. Dort bewunderte sie ausgiebig einen Erpel und das Grün an seinem ausgestreckten Hals. Schimmernde blaugrüne Federn. Als ich einmal nicht hinschaute, versuchte sie, das Grün zu befingern, und fiel dabei fast aus dem Rollstuhl. Ich konnte sie gerade noch auffangen. Sie lachte leise und freundlich und hauchte mir bei unserem Rettungsgerangel einen Kuss auf die Wange.

«Ich brauche Erpels Grün», sagte sie entschuldigend lächelnd und summte eine leise Melodie.

Längere Verhandlungen zwischen uns, in denen Parzival

und der Heilige Gral sowie Papi und der Puz eine Rolle spielten, liefen darauf hinaus, dass wir beide beschlossen, den Heimurlaub auf unbestimmt zu verschieben. Die Schwester würde sich auch ärgern, wenn wir so ein Hin und Her entfachten, meinte Hanna und ließ sich um achtzehn Uhr ins Bett bringen.

Am Samstagmorgen war ich wieder da. Ich tauschte mit den Schwestern kurz Ostergrüße aus. Hanna lag im Pyjama im Bett auf dem Flur. Sie blickte mich aus fiebrigen Augen an, ihr Gesicht war hilflos, ängstlich. Dann las sie mein Gesicht, und von einer Sekunde auf die andere schlug ihr Blick um. Sobald sie begriffen hatte, dass ihr Kind sie ansah, wurde aus Ängstlichkeit blasierte Überheblichkeit.

Ihr Fieber war heftiger geworden, das Antibiotikum wirkte überhaupt nicht. «Sie schwitzt ihre Depression aus», erklärte mir die Schwester.

Eine im schulmedizinischen Dienst ausgebildete Krankenschwester teilte mir mit, jemand auf ihrer Station schwitze seine Depression aus. Warum war da bisher noch niemand darauf gekommen? In den Flur legen und ausschwitzen, und vorbei ist die Depression.

«Beruhigen Sie sich», sagte die Schwester, «am Dienstag kommt die Ärztin.»

«Welches Jahr haben wir?», fragte Hanna, als ich zurück zu ihrem Bett im Flur gekommen war. «Der junge Arzt kann sich das nicht merken und fragt mich dauernd danach.»

Im Laufe des Ostersonntags sagte Hanna mehrfach, sie hoffe, die Krankenschwester sei nicht gekränkt. Sie lag vor mir im Bett, irgendwo in ihr drin brannte es, und sie schluckte ein nutzloses Antibiotikum, damit die Krankenschwester nicht böse auf sie war. Sie sah mich an wie ein Kind, das erwachsen sein muss.

Ich fuhr zurück in Hannas Wohnung. Ich schaute viel aus dem Fenster, telefonierte lange mit einem Cousin, einem Arzt in einer anderen Stadt. Er war zufrieden mit der schulmedizinisch durchgeknallten Krankenschwester. Sie habe Hanna einen Gefallen damit getan, sie auf den Flur zu legen, meinte er. Das Gewese im Flur verschaffe ihr offensichtlich Erleichterung. Er nahm an, Hanna habe eine Entzündung, vielleicht ein Krankenhauskeim, daher das Fieber. Und ihr Angstlevel sei durch das Fieber gestiegen. Ich könne gar nichts machen außer abwarten, sagte der Cousin freundlich und warm und schlug mir vor, ein Beruhigungsmittel zu nehmen.

Am Dienstag war die Stationsärztin wieder da. Sie hörte sich alles aufmerksam an, dann ließ sie Hanna in die Röhre schieben. Sie glaubte nicht mehr an Depression und Einstellen und auch nicht ans Ausschwitzen. Kurz darauf gab es eine neue Diagnose.

Drei Wochen später saß ich wieder in Hannas Wohnung, diesmal wartete ich auf meine Schwestern. Wir hatten uns hier verabredet. Hanna würde am nächsten Morgen operiert werden. Man hatte endlich den Tumor in ihrem Sprachzentrum gefunden. Sie hatte also erwiesenermaßen Blech geredet. Blech, das wir ihrem Charakter zugeschrieben hatten – eine unendliche Fehleinschätzung der Realität. Die Ärztin mutmaßte, dass der Tumor die letzten Jahre unbemerkt gewachsen war.

Wir wollten ihr am Tag vor der Operation so viele Stunden wie möglich Gesellschaft leisten. Der Vormittag gehörte den Krankenschwestern und Ärzten mit Voruntersuchungen und anderen Vorgängen. Den Nachmittag bekam die Familie. Um neunzehn Uhr wurde die Station für Besucher geschlossen. Wir waren so angestrengt von Hannas wirren Reden und den wiederkehrenden Angstattacken, die ihr gebeuteltes Wesen schüttelten, dass keine von uns es länger als zwei Stunden an ihrem Bett aushalten konnte. Wir wechselten uns ab.

Ich war als Erste von uns bei Hanna gewesen und saß nun nutzlos in ihrer verwaisten Wohnung herum. Die Operation war für sieben Uhr am Morgen angesetzt, wir würden sie erst gegen Mittag auf der Intensivstation zur Nachbetreuung wiedersehen. Es waren einige Stunden zu füllen bis dahin. Ich sollte noch etwas einkaufen, dachte ich, vielleicht eine Flasche Wodka, auf jeden Fall etwas zu essen. Der Supermarkt war nur wenige Schritte entfernt. An der Kasse entstand ein kleines Chaos, weil eine Dame ihr Portemonnaie zu Hause vergessen hatte. Ich musste lachen. Wie schön, wenn man in einem Moment großer innerer Spannung Seelenverwandte trifft. Ich ging zurück in die Wohnung und wartete weiter.

Laura klingelte kurz nachdem ich oben angekommen war. Ich hatte die Schuhe gerade ausgezogen, den Mantel hatte ich noch an, die Tüten mit dem Einkauf standen um mich herum im Flur, «malerisch verteilt», wie unsere Mutter gesagt hätte.

«Ja, ist denn das die Possibilitate», hörte ich mich in Hannas Sprechanlage sirren, noch eine Formel aus der Satzbausammlung.

«Lass den Quatsch», knurrte Laura. «Mein Schlüssel ist im Schloss abgebrochen, komm runter mit Zettel und Stift, wir machen eine Nachricht an die Tür.»

«Für Lotta? Die kommt schon von allein darauf zu klingeln, wenn sie merkt, dass sie den Schlüssel nicht ins Schloss kriegt.»

«Ach ja? Und all die Nachbarn, sollen die auch allein darauf kommen?»

«Lass uns nicht jetzt schon streiten, Laura.»

«Niemand streitet hier. Streit gibt es gar nicht. Wenn du einmal tun würdest, was ich dir sage.»

Auch ein Schutzsprachesatz. Laura suchte dieselbe Zuflucht wie ich.

Als Lotta ankam, war der Tisch bereits gedeckt, es fehlten nur Servietten. Laura hatte schon dreimal geweint wegen irgendwelcher Sachen, die ich zwar nicht gesagt hatte, aber so oder so gemeint haben sollte. Ich hatte mich bereits dreißigmal entschuldigt und wusste überhaupt nicht mehr, worum es ging.

«Du weißt nie, worum es geht. Schon als Kind wusstest du nie, worum es geht.»

Laura wollte einen Serviettenring nach mir werfen, entschied sich dann aber doch lieber zu weinen.

«Schaut euch den Serviettenring an», sagte sie mit Tränen in der Stimme. «Jeden Tag hat sie uns die Servietten darin eingerollt und neben den Teller gelegt. Jede von uns hatte ihr eigenes Muster. Ich war das Veilchen.»

«Unsinn», sagte Lotta. «Die Ringe sind ein Erbstück von Tante Gisela aus Berchtesgaden. Die starb in dem Jahr, in dem ich ausgezogen bin. Danach haben Mama, Bow und die Kleine sie benutzt. Mama hat sie gehasst, weil sie so altdeutsch sind.»

«Hanna hat die Ringe auf dem Flohmarkt gekauft, nachdem sie hier eingezogen ist, ich war dabei. Und SIE war das Veilchen», sagte ich.

«Nehmen wir doch Papierservietten», sagte Laura.

Wir durchsuchten alle Schränke. Die Recherche war niederschmetternd, aber wir wollten nicht darüber sprechen. Wir entdeckten ein gigantisches Arsenal an angebrannten Kerzen. Kein Fach, keine Schublade ohne. Ich hatte gedacht, ich hätte alles weggeworfen, doch wie das Eichhörnchen seine Nüsse hatte Hanna an den erstaunlichsten Orten Kerzenstummel versteckt.

«Der Tunnelblick, die Raumforderung», murmelten wir, Papierservietten auffaltend. Der unausgesprochene Satz war: Wie konnten wir das übersehen?

«Ich bin so satt, ich mag kein Blatt, mäh-mäh», dachte ich nach dem Essen und wünschte mir, dass Hannas Satzbaufibel in meinem Kopf bald zuging, damit ich wieder in meinen eigenen Worten denken und sprechen konnte.

Wir saßen ratlos und unruhig um den Esstisch und wussten noch nichts von unsichtbaren Türklinken, Beipackzetteln für die Angehörigen und Rehakliniken an Seen. Wir wussten nur: Am nächsten Morgen um sieben Uhr würde ein uns fremder Mann die rasierte Schädeldecke unserer Mutter aufsägen und in ihrem Gehirn nach etwas fischen, was da nicht hingehörte.

«Wie läuft's mit deinem *ON-OFF-Theater*?», fragte Laura.

«*OFF-ON-Theater*. Ganz gut. Gerade haben wir *Klytaimnestrie* herausgebracht.»

«Heißt das nicht *Orestie*?»

«Nicht bei uns.»

«Ach so», sagte Laura.

Die Symphonie der vielsagenden Untertöne ist von Hannas Stimmbändern direkt in Lauras Hals gewandert. Ich dagegen neige dazu, genau das zu sagen, was ich denke. Darum spiele ich Off-Theater, und Laura ist ein Filmstar.

Die Spülmaschine war kaputt, und Laura und ich wuschen

zusammen ab. Lotta wollte mit Roberto telefonieren. Er war der einzige Vater in der Familie, der wirklich Anteil nahm an Hannas Schicksal.

«Sorry, dass ich nicht noch was anderes geguckt habe bei *ON-OFF*», sagte Laura weich und freundlich.

«*OFF-ON*», korrigierte ich ein zweites Mal.

«Aber das Trintignant-Stück war so grauenhaft, ich kann so was nicht noch mal aushalten.»

«Das Stück war so grauenhaft, dass du so was nicht noch mal aushältst?», dachte ich. «Soll ich dir sagen, was grauenhaft war? Dein Trintignant-Film, du superreiche Superflasche.»

Ein Teller fiel mir aus der Hand. Beim Scherbenaufsammeln kamen wir uns näher. Wir stießen mit den Köpfen zusammen.

«Ich fand deinen Trintignant-Film auch nicht so gut», sagte ich und kehrte dabei so laut Scherben auf die Schaufel, dass es mich fast übertönte.

Lotta stand in der Tür.

«Roberto ruft nicht an. Dabei hatten wir zweiundzwanzig Uhr ausgemacht. Was guckt ihr mich beide so wütend an? Seid ihr wieder bei dieser Trintignant-Sache? Wer soll das überhaupt sein? Das ist doch alles nur erfunden.»

Das alte Problem. Lotta hasst Fiktion. Das bringe nur Durcheinander, meint sie. Wozu zu allen lebenden Schwierigkeiten auch noch erfundene Charaktere, die einen zusätzlich verwirren?

«Marie Trintignant ist keine Fiktion», sagte ich. «Sie war Realität. Ihr Musiker-Boyfriend hat sie bei Dreharbeiten in Vilnius besucht und nachts im Hotel aus Eifersucht auf ihre Rolle zusammengeschlagen. Dann hat er ihren Bruder angerufen, der im selben Hotel war, um sich von ihm trösten zu lassen. Während des Gesprächs lag Marie im Nebenzimmer auf dem

Bett und starb. Hätte der Bruder nicht versucht, den aufgebrachten Mann zu trösten, sondern den Arzt gerufen, hätte sie auf einer Intensivstation vielleicht überlebt.»

In Lauras Filmfassung hatte Laura Marie gespielt und den halben Film lang unter einer Bettdecke gelegen, während die beiden männlichen Stars des Films auf der Bettkannte saßen und über Wut und Männlichkeit räsonierten. In der *OFF-ON*-Theaterversion saßen die beiden männlichen Täter pantomimisierend am Bettrand und betranken sich schwermütig, während ich als auferstandene, von Schlägen entstellte Marie einen zweistündigen Monolog hielt über Femizid, eifersüchtige Männer und Maries Probleme mit ihrer Mutter – und ihrer Tochterrolle. Ihre Mutter hatte Regie geführt bei dem Film, für den sie gerade totgeprügelt worden war.

«Das Stück war die Pest», sagte Laura noch einmal, und wir warfen die Scherben in den Müll.

Das Telefon in Lottas Hand klingelte befreiend. Wir sprachen alle nacheinander mit Roberto, auch im Namen von Klaus und Bow, wie er zu mir sagte.

«Das glaube ich kaum.»

«Sei doch nicht so negativ, Kleine», sagte Roberto. Seine Stimme klang fürsorglich.

«Er hatte nicht viel Kontakt zu Mama», sagte Lotta von der Seite. «Aber er liebt sie bis heute und mehr als seine Frau.»

Laura und ich widersprachen nicht. Wir wussten mittlerweile, es musste so sein. Jede von uns musste denken, sie sei das einzige Kind der wahren Liebe. Wir hatten in den letzten Jahren zu der stummen Übereinkunft gefunden, dass wir uns das niemals gegenseitig zugestehen, aber auch nicht mehr gegenseitig ausreden würden.

«Meine Liebe zu Hanna ist grenzenlos», sagte Roberto.

Ich hatte das Telefon mittlerweile auf Lautsprecher gestellt, damit die anderen mithören konnten.

«Nicht so grenzenlos, dass du ihr eine richtige Hochzeitstorte gegönnt hättest», sagte ich.

«Was soll das denn heißen?»

«Wir wissen alle, dass eure Hochzeitstorte ein Schwindel war, weil deine Mutter Geld sparen wollte.»

«Wie kommt ihr denn darauf, Kinder?», fragte Roberto verwundert. «Wann habt ihr jemals jemanden in meiner Familie Geld sparen sehen?»

Da hatte er recht. Aber die Papptorte stand nun einmal im Buch Hanna.

«Glaubst du, Mama hat dich deswegen verlassen?», fragte Laura.

«Nein», brüllte ich, «wegen Bow hat sie ihn verlassen. Sie hat Bow von der ersten Begegnung an geliebt, sie war nur verwirrt von Robertos Schönheit und Klaus' ewiger Anwesenheit.»

«So siehst du meinen Vater? Nicht mehr als anwesend?», sagte Laura und weinte wieder.

Roberto legte auf.

Ich musste an die Luft. Wir wollten alle in Hannas Wohnung übernachten und gemeinsam die Stunden der OP abwarten, den nächsten Tag durchstehen. Wir konnten jetzt nicht streiten. Ich musste vor die Tür, um zu atmen und dann geläutert und ruhig zurückzukommen. Oder betrunken. Wie als Teenager. Die nächste Kölschkneipe war nicht weit. Im Fahrstuhl drückte ich den Erdgeschossknopf und fing nun ebenfalls an zu weinen. Wie oft hatte ich diesen Knopf gedrückt? Wie oft hatte Hanna diesen Knopf gedrückt mit ihren fahrigen, zittrigen Fingern? Ihre Hände – voller Altersflecken. Beim

Sprechen, beim Reden sausten sie heftig durch die Luft. Die Finger leicht gekrümmt, als hätten sie starke Sehnen, die sie permanent zu einer Faust zusammenzuziehen versuchten. Oder schwache Muskeln, die sich nicht zu einer geraden Streckung aufschwingen wollten. Die Fingerkuppen ständig bereit, Rhythmen zu tippen.

Nach einem kleinen Spaziergang ging es mir besser. Als ich zurückkam, musste Lotta an die frische Luft. Ich stellte keine Fragen. Laura saß am Esstisch, sie musste nicht raus.

Am Morgen war ich die Erste in der Küche und machte Filterkaffee. Ich schaute aus dem Fenster und betrachtete den goldenen Hahn auf der Kirche. Hanna hatte eines ihrer schönsten Gedichte darüber geschrieben. Ich weiß noch, wie ich es das erste Mal gehört habe. Ich saß im Publikum und konnte nicht glauben, dass sie über diesen Hahn geschrieben hatte. Für mich war ihre neue Wohnung nur ein Aufenthaltsort gewesen. Für mich war das Architektenhaus unser Zuhause, und sie schlief bloß woanders. Als ich das Gedicht hörte, verstand ich, wie falsch ich lag. Ihr Denken und Fühlen war endlich an dem Punkt angekommen, auf den Hanna zugestrebt war: ein eigenes Zuhause. Keines Mannes Zuhause, keiner Mutter Zuhause, auch keines, das sie ihren Kindern zu bieten hatte. Ein Zuhause, das sie ihren sich überschlagenden Gedanken, den vielen Worten in ihrem Kopf und ihrer Seele schuldig war.

Der Kaffee schmeckte grauenhaft und wurde noch bitterer beim Blick auf die Uhr im Bücherregal. Sieben Uhr. Gerade wurde die Säge an Hannas Schädeldecke gesetzt. Laura stand plötzlich neben mir und nahm mir die Tasse aus der Hand. Sie trank einen Schluck, und wir starrten schweigend von der goldenen Uhr zum goldenen Hahn und zurück. Laura suchte im Kühlschrank nach Milch.

Bis zum Mittag hatten wir keine Nachricht von Hanna. Wir saßen in der Krankenhauskantine, als eine Schwester an unseren Tisch kam und uns mitteilte, Hanna sei nun auf der Intensivstation angekommen. Auf der Station wurden wir in Schutzanzüge gesteckt. Wir fühlten uns futuristisch und entfremdet. Hanna lag zitternd in einem Bett, umringt von Monitoren. Aus ihrem Kopf kamen mehrere Schläuche. Ihre Augen flatterten wie Vögel im Ostseewind. Ich nahm ihre Hand in meine und spürte einen leichten Druck ihres Zeige- und Mittelfingers.

«Ich glaube, sie gibt Morsesignale durch.»

Ab und an atmete sie tief und laut unter ihrer Sauerstoffmaske, dann hustete sie etwas. Vielleicht räusperte sie sich auch. Ihre Haare waren rasiert, die Naht war von einem Verband bedeckt.

Laura und Lotta gingen besorgt und geschäftig auf und ab. Laura hatte so oft in ihrem Filmleben Ärztinnen gespielt, dass sie das Gefühl verbreitete, sie kenne sich genau aus. Sie nahm die Listen für die Medikamente und die Eintragungen des Pflegepersonals in die Hand und schaute sie nickend durch. Ich war sicher, sie verstand kein Wort. Dann kam die Intensivschwester und schickte uns weg.

Wir liefen über das Krankenhausgelände, unschlüssig, wohin wir gehen sollten. Der gemeinsame Spaziergang tat gut. Es dämmerte bereits, die Luft war kühl und feucht. Wir wussten nicht, wann Hanna wieder würde sprechen können. Oder ob.

Als wir auf die Intensivstation zurückkamen, war sie wach

und bat mich, Lakritz am Kiosk für sie zu holen. Wir weinten vor Erleichterung. Nach der Operation hat Hanna sich gut und schnell erholt und nicht mehr lange gelebt.

Später in der Rehaklinik am See sagte Hanna, die Übergänge fielen ihr so schwer. «Die Übergänge wovon?», fragte ich sie, erhielt aber keine Antwort. Von den Krankenschwestern in der Klinik bekam ich einen Zettel, eine Art Beipackzettel für Angehörige von Tumorbefreiten, Raumforderungslosen. Hanna gefiel das Wort Raumforderung. Trotzdem sagte sie fortwährend Raumverdrängung. «Ich bin jetzt raumverdrängungslos. Rate, wie viele Buchstaben das sind.»

Patienten mit der Diagnose meiner Mutter, las ich auf dem Zettel, können eine Tür im Raum erkennen, aber nicht die Klinke daran. Ähnliches gilt für die Sätze in Büchern: Jemand mit der Diagnose meiner Mutter schaut auf die geöffnete Seite eines Buches, sieht das Buch, die Seiten, die Seitenzahlen, den Schriftsatz, aber nur die Mitte jeder Zeile. Der Eingang und der Ausgang der Zeilen fehlen oder sind im Nebel. Wie bei der Tür die Klinke. Erst die Klinke macht aus der Tür einen Eingang oder einen Ausgang. Wenn sie fehlt, ist die Tür nichts anderes als eine Holzintarsie in der Wand, und der gehirnoperierte Mensch bleibt zwangsläufig drinnen. Oder draußen. Je nach Einstellung.

Meine Mutter hatte das Konzept von Drinnen und Draußen nicht vergessen. Sie wusste nur nicht mehr, wie es sich einstellt, wie man es selber herstellt – mal drinnen und mal draußen zu sein. Drinnen und draußen wovon? Der Beipackzettel versprach, dass all diese Fähigkeiten mit der Zeit, mit der Entwicklung neuer Gehirnareale wiedererlangt würden.

In der Rehaklinik hat uns der Beipackzettel lange begleitet. Ich las ihn ihr am Nachmittag vor, als wir draußen am Seeufer im Park der Klinik saßen. Wir versuchten, gemeinsam zu ergründen, was es damit auf sich hatte. Hanna war nervös und verstand kein Wort. Ich musste sie beruhigen und den Text wieder und wieder vorlesen. Wie wenn man einem Kind zum Einschlafen vorliest. Von einem Kind ohne Mutter war ich zu einer Mutter ohne Kind geworden. Ich saß neben ihr und war mit meinem unversehrten Gehirn eindeutig die Stärkere für den Moment. Für Hanna spürbar und unerträglich. Sie lachte laut auf.

«Jetzt soll ich zu dumm sein zum Lesen. Zu dumm, um eine Klinke zu erkennen.»

Ihr Lachen war ansteckend, wie früher. Ich musste mitlachen. Wir saßen nebeneinander an der frischen Luft, blickten auf den See und lachten laut und lang.

Zurück im Zimmer, lief Hanna beim Versuch, auf die Toilette zu gehen, gegen die Wand.

«Das hab ich nur gespielt, damit du weiterlachst.»

Es war ein schrecklicher Moment. Ihr Drang, das vor mir überspielen zu müssen, hatte etwas Geisterhaftes, Unwirkliches. Warum durfte sie in diesem Zustand nicht so hilflos sein, wie sie war? Sie stand vor der Tür, die Hände in den Taschen. Ich ließ sie ins Bad.

Während ich darauf wartete, dass Hanna zurückkam, zog ich die Schuhe aus, legte mich auf ihr Bett. Dann streckte ich die Beine nach oben. Die Bettdecke hing wie ein Zelt von meinen Füßen auf mich herab.

Ich habe Hanna jedes zweite Wochenende in der Rehaklinik besucht. Ich glaube, sie hat sich dort wohlgefühlt. Die vielen Übungen, das Wiedererlangen der Kräfte und Fähigkeiten haben ihr Freude bereitet. Vielleicht durfte sie vor den Schwestern hilflos sein, wenn schon nicht vor uns, und hatte in dem hellen Raum mit Blick auf den See ein Tipi für sich aufschlagen können. Ein Tipi für sich allein, für sich und ihre sich neu zusammenschließenden Synapsen. Ein Tipi, in dem sie hoffnungsvoll auf die Rückkehr aller Worte warten und endlich Luft holen konnte.

Nach einer Weile fragte ich mich, wo Hanna blieb. Dann erst fiel mir die Klinkensituation wieder ein. Ich öffnete vorsichtig die Tür. Hanna saß auf dem geschlossenen Klodeckel. Sie wartete. Sie hatte nicht nach mir gerufen, nicht um Hilfe gebeten. Sie hatte gewartet, bis die Tür für sie wieder aufging.

Das umgekippte Bild versperrt immer noch den Flur. Es ist sehr lang, bestimmt zwei Meter, und nicht sehr breit. Ich greife nach dem Rahmen. Die Leinwand schlackert leicht, beim Sturz ist ein kleiner Keil herausgerutscht, den ich wieder hineinschiebe. Ich halte das Bild an die Wand. Soll ich es endlich aufhängen oder nur wieder hinstellen?

Ich bemerke einen Kringel am oberen linken Bildrand, der mir bisher nicht aufgefallen ist. Bei genauerer Betrachtung entpuppt er sich als Signatur des Künstlers. Habe ich das Bild jahrelang auf dem Kopf stehen lassen? Ich drehe es um, bin mir aber nicht sicher, ob es nun so richtig ist. Allein die Signatur steht jetzt am rechten unteren Bildrand, wo sie hingehört. Oder ist es doch nur ein Kringel? Ein angedeutetes Blatt vielleicht?

Auf dem Bild ist ein langer Baumstamm zu sehen. Je nachdem, wie rum ich es halte, hat der Baum eine sehr kräftige Wurzel, die über den Bildrand hinauswuchert, und nur den Ansatz einer Krone oder umgekehrt schwach angedeutete Wurzeln und eine stark wuchernde Krone. Wieso kann ich mich nicht entscheiden, was oben und was unten ist?

Henne oder Ei, denke ich und stelle das Bild, so wie es jetzt ist, an die Wand. Entweder stand es all die Jahre auf dem Kopf, oder es steht jetzt falsch herum. Wer soll mit mir darüber streiten?

Hanna. Hanna könnte streiten mit mir. Darüber, warum ich so lange gebraucht habe, um einen Kringel auf einem Bild zu entdecken. Warum es so viele Jahre gedauert hat, die Fragen zu stellen, die ich nie gestellt habe. Und warum ich sie nun selber beantworte. Ach, Hanna, könnte ich darauf sagen. Menschen machen Fehler.

Drei

An den Sonntagen unternimmt sie Ausflüge mit einem der Schiffe, die rund um die Klinik über den See fahren, die wiedererlernten Worte im realen Leben testend. Sie steht an der Reling. Es riecht nach Möwe, nach Laub und Kastanie mit Mulch. Die wenigen Wolken am Himmel sind flach, unten abgeschnitten. Als hätten sie auf ihrem Weg hierher die Hälfte verloren. Der See ist blau wie der Himmel und leer. Hanna atmet ein und wieder aus. Der Ausflugssonntag ist noch frisch. Es kommt alles noch.

Ihre Haare sind gewachsen. Aus nichts wurde kurz. Jahrelang hat sie mit dem Gedanken gespielt, die Haare abzuschneiden. Nun ist es passiert, es steht ihr gut. Die Pflegerin auf der Station macht ihr Komplimente dafür.

Pflegerin, Pfleger, wie das klingt. Wie im Zoo. Zwischendurch hat sie sich auch so gefühlt. Wie ein seltenes exotisches Tier im Zoo. Nur dass immer alle reinkamen in ihr Gehege und nicht nur geschaut haben von außen.

Zwischendurch. Zwischen was? Wann war sie zwischen die Ritzen ihres Dielenbodens gefallen und hatte den Halt verloren? Sie weiß es nicht, und es ist ihr egal.

Das Schiff legt an, um weitere Passagiere aufzunehmen.

Bis wohin sie fahre, will die Schaffnerin wissen.

Ob sie das jetzt schon wissen müsse, fragt Hanna.

Nein, sagt die Frau, und Hanna gibt ihr Kleingeld.

Am übernächsten Halt geht sie von Bord. Hier war sie noch nie. Mit dem ersten Schritt, den sie auf den Steg macht, spürt sie das Neue unter ihren Füßen.

Gleich hinter dem Bootssteg verbirgt sich ein Spazierweg durch Grün und Unterholz. Damals, in der ersten Klinik gab es einen Erpel, der trug ein Grün unter seinem Schnabel, das war von fabelhafter Schönheit. Sie war sich damals sicher, es könnte ihr helfen, besser zu sehen. Poetisch irgendwie. Und unsinnig. Sie weiß das. Sie wusste es auch damals. Aber sie konnte der Versuchung nicht widerstehen, die Töchter damit zu erschrecken.

Sie geht einen lehmigen Weg entlang. Zwischen Blattgrün und Ästen sieht sie das Wasser. Die Augen kneift sie leicht zu, verwandelt damit alles in Streifen.

Manchmal streift ein Blatt ihre Wange, ihren Arm. Das Grün ist berührend. Betörend. Die schönen alten Worte.

Ihre Füße bleiben im feuchten Boden stecken. Sie zieht die Schuhe aus und nimmt sie in die Hand. Die nackten Füße im weich moderigen Grund. Kalt fühlt es sich an, silbern und gut.

Ein Gartenzaun beendet den Weg, Jägerzaun mit Gatter. Sie will nicht zurück.

Hanna steht am Tor, und kleine Hunde springen auf sie zu. Sie lässt sich die Finger ablecken und spricht mit den Tieren.

Ein junger Mann kommt aus dem Haus. Ob sie etwas suche, fragt er.

Nein, sie suche nichts. Sie schnuppere nur die Atmosphäre.

Die Töchter hört sie laut lachen bei diesem Satz.

«Da sind Sie hier richtig», sagt der Unbekannte.

Er pfeift die Hunde zu sich heran und fordert Hanna auf, ihm zu folgen.

«Gern», sagt sie und bittet ihn, das Tor zu öffnen. «Ich kann die Klinke nicht sehen.»

Schön, das einfach zu sagen. Was soll so schlimm sein daran? Manche sehen keine Zwischentöne, andere hören keine Farben. Der Mann im Morgenmantel scheint zu verstehen. Er führt Hanna über das Gelände. Überall Pflanzen in Töpfen, dazwischen Skulpturen, einige Arbeitsgeräte.

Hanna fragt, ob der Mann Künstler sei.

Ja, er arbeite hier.

Dann erzählt er von einem Baum ganz nah an seiner Badestelle. Der Baum wächst von unten, die Wurzeln sind stark. Oben ist alles kahl und abgestorben. Aber die Wurzeln, die wurden den ganzen Sommer über stärker und stärker.

Er zeigt auf eine längliche Leinwand. Hanna ist nicht ganz sicher, was sie auf dem Bild sieht.

«Ich möchte auch schwimmen», sagt sie.

Was stand in der Broschüre aus der Klinik über das Schwimmen? Gar nichts, vermutet sie und wischt den Gedanken mit der Hand in der Luft weg.

Sie gehen mit verschlissenen Handtüchern zum Ufer des Sees. An der Wurzel des Baumes legt der Maler seine Sachen ab. Er hat nicht übertrieben. Sie ziehen sich aus, Hanna legt ihren Schmuck in die Wurzelkuhle neben die Uhr des Malers. Früher ist sie in jeden See und jeden Fluss gesprungen.

«Ich muss vorsichtig sein», ruft sie dem schwimmenden Maler hinterher. «Ich war lange nicht im Wasser.»

«Sie werden schon wissen, was Sie tun.»

Ja, denkt Hanna, ich weiß, was ich tue. Ich weiß, dass Wasser nass ist und dass Wasser mich trägt. Ich weiß, dass meine Haare kurz sind.

Der erste Fuß taucht ein.

Seit so langer Zeit hat sie nichts mehr geschrieben. Die Verse kamen nicht mehr, kamen an der Raumforderung nicht mehr vorbei.

Kein Satz passiert im Kopf einfach nur so, denkt Hanna. Jeder Satz kommt von woher und will wohin. Sie schaut dem Maler hinterher.

Das Wasser reicht ihr bis zum Bauch. Einmal abstoßen, dann wird es gehen. Der Körper wird sich erinnern. Sie kann die Umrisse ihres Körpers fühlen beim Schwimmen. Die Übergänge. Ihre Haut und die Knochen. Innen und Außen. Der Zorn und die Liebe und die Schuld dazwischen.

Die Worte kommen und gehen. Sie will sie nicht festhalten. Sie lässt sich durchspülen. Durchwässern. Sie selbst ist der See. Und ein Flussbett dazu.

«Jetzt reicht es mir schon», ruft sie.

Nie würde sie das zu einer Tochter sagen. Immer würde sie schwimmen, bis die Töchter aufgeben. Ihr Körper erholt sich, aber sie hat nicht viel Kraft. Im Vergleich wären die Töchter jetzt stärker. Das dürfen sie niemals erfahren. Doch vielleicht wissen sie es schon.

Ihr Kopf war zerbrechlich geworden. Reisen waren das, tief in der Nacht. Wörter kamen und gingen. Flogen links und rechts an weit aufgerissenen Augen im Dunkel vorbei. Sie hielt fest, was sie konnte. Parzival. Erpel. Grün.

So oft lag sie daneben, und die Töchter haben alles für Bewusstsein gehalten. Wie konnte das passieren?

Am Fuße des Baums wickelt sie ein Handtuch um den feuchten Körper.

Sie wird das Bild kaufen. Den halb wachsenden Baum.

Sie lehnt sich mit dem Rücken an eine lange Kiefer, spürt das Harz in der Rinde hinter sich.

Der Maler schwimmt weit und kräftig. Er schwimmt nicht gut, strampelt und spritzt mehr, als er gleitet. Die Grenzen seiner Bewegung stören und streiten sich mit den Grenzen des ihn umgebenden Wassers.

Ihre Finger trommeln am Boden auf Moos. Da reiht sich etwas aneinander. Sie kann den Beginn der Zeile nicht sehen und nicht das Ende.

Hanna schlendert zum Haus und verliert die neuen Worte nicht mehr.

Mit offener Kopfwunde über die Ziellinie gekrochen, denkt sie. Kein schwarzer Hund, keine Orange im Kopf konnten sie abhalten.

Es ist der letzte September ihres Lebens. Schon ein Jahr später wird sie an einer Lungenentzündung sterben. Aber das weiß sie jetzt nicht. Niemand weiß das. Jetzt, an diesem Sonntag, geht sie, in ein Badetuch geschlungen, an einen fremden, unaufgeräumten Schreibtisch. Sie nimmt ein Blatt Papier und schreibt auf, was sie ins Moos getippt hat.

Ihre Verse. Ihr Leben. Ihr Tunnelblick.

Sie schämt sich nicht, sie ängstigt sich nicht, sie verlangsamt sich nicht. Sie schreibt. Drei Gedichte. In wenigen Minuten. Ohne Anfang und Ende.

Der Maler kommt rein, sie zeigt ihm das Blatt.

Die Schuld und der Zorn und die Liebe dazwischen.

«Menschen machen Fehler», sagt der Maler, als er zu Ende gelesen hat.

«Ja», sagt Hanna. «Aber wie soll ich das meinen Töchtern erklären?»

Danke

Frank Dehner, Sander und Marina Gilman, Sibylle Luig, Friedrich-Karl Schuchardt, Thomas Hauschild, Eva Peters, Sebastian Wilde, Karin Graf, Antje Schlag, Amaryllis Sommerer, Constanze Ruhm.